서정희 지음

들녘

인생을 Reset! 하고 싶은 당신에게

나는 마흔 살에 직장을 그만두고 프리랜서 생활을 시작했다. 남보다 조금 먼저 변해서 새로운 길을 개척한 사람이 되다 보니 중년들의 애환을 누구보다 잘 알게 되었다.

"당신은 지금 어느 계절에 살고 있습니까?"

중년 남자들에게 이런 질문을 하면 가을이 가장 많고 겨울과 여름은 두 번째쯤 된다. 겨울을 살고 있다는 중년에게 앞으로 당신은 얼마의 세월을 살 수 있을 것 같으냐고 물으면 누구나 최소 30년이라고 말한다. 그렇다면 그렇게 긴 세월을 계속 겨울로 살아야 한단 말인가!

현재 살고 있는 계절을 주관적으로 느낄 수 있는 것처럼 미래도 주관적으로 설계할 수 있다. 중년의 인생 설계에 필요한 것은 변화를 인정하는 감각이다.

인생의 반을 살아버렸다고 해서 앞으로 살기가 힘들 거라고 생각한다면 미래를 모르는 단세포동물로 살겠다는 것과 다름이 없다. 그렇다면 어떻게 단세포동물에서 탈출해야 하나? 그 길은 꿈을 부활하는 것이다.

중년은 이미 굳어버린 마른 땅이 아니다. 물을 주고 일구면 큰 나무가 자라는 잠재력을 가진 비옥한 땅이다. 잠재력은 스스로 닫혀있다고 생각했던 감각의 문을 활짝 열면서 싹이 튼다. 그 싹을 틔워주기 위해 나는 이 책에서 중년들 스스로의 인생 스토리를 만들도록 도와줄 것이다.

중년의 기 살리기는 없는 나를 만드는 것이 아니라 내 몸과 마음속의 잠재력을 새롭게 발견하는 것에서 비롯된다. 그 결과 나를 충분히 발휘하는 브랜드를 창조할 수 있다. 그런 과정에 이르는 징검다리가 바로 추억을 새롭게 부활하는 것이다. 인생은 결국 자신이 공감하는 스토리를 좇아 살기 마련이라서 성공과 행복은 어떤 스토리를 품고 사느냐는 질문과 통하기 때문이다.

인생은 내가 주인공이 되어 저마다의 미래를 만드는 창조 무대다. 이 책을 통해 함께 사는 이웃, 즐겁고 보람된 일, 서로 교감하는 가족, 나를 새롭게 일으키는 자기 각성의 길을 발견하여 아름답게 조화하는 거듭남을 경험하기 바란다.

서정희

1장
잠깐. 쉬라는. 휘슬.

마흔의 벽돌 쌓기

마흔이 넘으면서 자신이 조금씩 미쳐가고 있다고 느낀 사람이 있었다. 사는 의미도 모르겠고 일에 대한 열정도 시들해졌다. 개인병원을 개업하여 자리도 잡았고 대학에서 강의까지 하고 있는데 이 무슨 조화란 말인가? 화려해 보이는 성공의 문턱에서 외로움에 빠진 그는 누구에게도 말 못할 고민을 짊어지고 3년 동안 압박감 속에서 살았다.

도대체 나는 누구란 말인가? 이런 의문에 빠져 그는 본능이 시키는 대로 따르기로 했다. 머리로 따져 봐야 아무런 답이 나오지 않았기 때문이다. 그가 처음 해본 것은 어릴 때 했던 벽돌 쌓기였다. 내가 이 나이에 왜 이런 유치한 짓을 하고 있나 하는 그런 의문이 들었지만 그는 그런 하찮은 일들에도 의미가 있다는 것을 알았다. 나중에 그는 그때의 벽돌 쌓기 경험이 인생의 전환점이 되었다고 했다.

우리 나이로 마흔에 벽돌 쌓기를 했던 사람은 누구인가? 스위스의 심리학자 칼 융이다. 그는 중년의 위기를 맞아 미쳐가고 있는 자신과 싸울 때 '나는 영혼의 바람 속에 소용돌이치는 빈 노트가 아니다'라고 일기장에 적은 바 있다. 융처럼 잘나가는 사람도 마음속에 텅 빈 공허를 느낄 수 있다.

마흔이 되면 '어라! 이게 아닌데?' 하는 생각이 들게 된다. 그동안의 믿음이 통하지 않기 때문이다. 그래서 '세상에 진리란 있을까' 하는 원천적인 의문에 부딪치기도 한다. 젊었을 때 꾸었던 일생의 꿈을 이루기 위해 한눈팔지 않고 사는 사람도 있지만 드문 일이다. 일찍 꿈을 찾은 사람이라도 마흔 살은 인생의 고비가 된다. 그때 자신이 누구인지 정체성에 대해 질문을 하게 된다. 심리학에서는 그 시기를 제2의 아이덴티티 크라이시스Identity Crisis라고 하는데 말 그대로 두 번째로 경험하는 정체성 위기라는 뜻이다.

정체성 위기의 시작은 미세한 곳에서 시작된다. 어느 날 문득 '왠지 한곳이 비어 있는 내 가슴에! 다시 못 올 것에 대하여!'라는 노래 가사가 마음에 화살처럼 꽂힐 때, 학교 다닐 때 나보다 못했던 녀석이 장가를 잘 가서 고급 자가용을 굴리며 으스대는 것을 볼 때, 어쩌다 들르는 스텐드바 미스 양이 전화를 걸어 "요즘 뜸하시네요. 한번 놀러 오세요!" 할 때도 마음이 흔들린다.

젊은 시절 불붙는 성취 욕구로 치열하게 산 사람일수록 위기감이 크다. 그래서 40대 초반에 각종 질병에 노출되는 사람이 꽤 있다. 유명한 심리학자인 프로이드도 비뇨기염증, 불안증, 편두통 등에 시달리다 심지어 41세가 되어서는 성생활마저 중단되었다고 한다.

공자는 마흔에 이르러 미혹됨이 없었다고 하면서 그것을 불혹不惑이라고 했다. 젊었을 때 나는 논어를 읽으면서 왜 40이란 나이를 '유혹'과 연결시켰는지 궁금했는데 이 나이가 되어서야 그 뜻을 알 것 같다.

마흔이란 나이는 세상을 알 나이이다. 그래서 자신의 기량을 마음껏 펼칠 수 있다. 그래서 미혹되지 않는다는 말 속에는 세상을 안다고 해서 무리하게 과장하지 않는다는 뜻이 있다. 공자는 마흔에 이르러 성숙의 문턱을 넘었다는 것을 유혹에 흔들리지 않았다고 표현했다. 그 말은 과장하거나 흔들리지 않고 힘을 조정하고 통제했다는 말인데 쉽게 말해 정서적으로 안정감을 가졌다는 것이다. 그러나 그것은 어디까지나 성인인 공자에 해당하는 말이고 실제로 다수의 40대는 정서적으로 불안하다.

낯선 정거장

한 살이라도 더 많은 걸 대단하게 여기던 시절이 있었다. 그러나 30대만 되어도 내 나이가 몇인지 잊을 정도로 바쁘게 산다. 가족과 직업, 두 마리 토끼를 잡기 위해 밤낮으로 뛰기 때문이다. 그러다 마흔이 되면 '평생 이렇게 살 것인가?' 하는 의문의 벽 앞에 서게 된다.

중년의 정서는 초조함과 여유 사이의 줄다리기다. 지금쯤이면 내 목소리로 완창을 해야 하지 않나? 이런 조바심이 중년의 마음속에 깃들 때 많던 적던 방황이 따른다.

지금쯤이면 나도 한 칼 갈아야 하는 거 아냐? 누구나 중년이 되면 이런 생각을 한다. 그런 가운데 남들이 인정하는 출세의 길을 가는 사람도 있고 내가 만족하는 성공이 따로 있을지도 모른다는 생각을 하는 사람도 있다.

나는 서른여섯에 창업이사가 되어 출세가도를 달렸다. 그런데 마흔이 되면서 '과연 이렇게 사는 것이 최선의 삶인가?' 의문이 들기 시작했다.

마흔이 되면 주변 사람들이 예사로 보이지 않는다. 열심히 일했는데 진급에서 누락되는 사람, 평소 건강했는데 갑자기 세상을 뜨는 사람, 무능하다고 손가락질 받았었는데 아파트를 굴려 큰돈을 번 사람, 증권 투자로 알거지가 된 사람 등등 다양하다. 주변의 변화를 보면서 도대체 성공은 무엇인가 하는 의문에 휩싸이게 된다. 삶에 대한 근본적인 의문과 정서적 흔들림속에서 마흔 살은 지금까지의 경험을 재구성하여 새로운 성공모델을 구상하는 시기다.

세상은 중년에게 오직 전진하라고 한다. 그러나 정작 중년들은 내가 지금 제대로 가고 있는가 하는 의문과 불안 속에서 산다. 그래서 무슨 책을 보더라도 역사나 철학 등 약간 심각한 것에 눈길을 준다. 30대 시절 눈에 들어오는 책들의 제목은 초고속 승진의 비결이라거나 성공을 위한 습관 등이었지만 마흔이 되면 성공보다는 행복에 관심이 생기고 자녀교육에 대해 뭔가 특별한 노하우가 있는지 귀를 기울이게 된다.

우리 시대의 성공은 무엇일까? 그 의문을 풀기 위해 이솝이야기를 새로운 버전으로 바꾸어 볼 필요가 있다. 이솝우화 속의 여우는 갖은 노력을 하고도 포도를 따먹지 못하자 '저 포도는 신포도야' 하고 포기한다. 현대판 이솝우화 속의 여우는 온갖 노력을 해서 마침내 잘 익은 포도를 따먹는다. 그 포도의 맛은 자기가 예상했던 것보다 훨씬 달콤했다. 그런데 그 여우는 얼마 뒤 자살하고 말았다. 왜 그랬을까?

잘 익은 포도를 따먹은 여우는 목적을 달성했기 때문에 행복했다. 그러나 그 행복은 오래가지 않았다. 포도 맛이 어떠냐고 아무도 묻지 않았기 때문이다. 갖은 고생 끝에 잘 익은 포도를 따먹은 여우는 남들로부터 아무런 관심과 인정을 받지 못하자 절망했다. 그래서 자살을 선택한 것이다. 그렇다면 현대인의 성공은 이런 결론이 된다.

성공이란?
내가 간절하게 원하는 것이 아니라
남들이 추구하는 욕망을 따르는 것이다.

중년이 되면 성공이란 단어와 동시에 책임이란 단어를 실감
하기도 한다. 이때 내가 어느 정도 선에서 성공과 행복을 통합
하여야 하는지 가늠하게 된다. 쉽게 말해 내가 변신할 수 있는
최대 수준을 아는 것이다. 나의 능력은 얼마이며 내가 오를 수
있는 위치는 어디까지인가? 자기도 모르게 그런 질문을 하면서
관계의 범위와 깊이를 조절하게 된다.

성장통

40이란 나이는 많기도 하고 적기도 하다. 시각을 바꿔서 보면
마흔도 열 살에 불과하다. 대개 사람들은 서른이 될 때까지 다
른 사람들의 이목에 사로잡혀 정해진 길을 걷는다. 그렇게 시작
하여 10년을 보냈으니 제대로 세상을 산 나이는 열 살에 불과
하다.
마흔이 되면 남이 나를 알아준다는 것에 민감해진다. 아는

일식집 요리사로부터 "오늘 좋은 생선이 들어왔으니 한번 들르시죠"라는 전화를 받으면 장사속으로 하는 말인 줄 알면서도 발걸음이 향하게 된다. 별것 아닌 말에도 '참 좋은 아이디어네요!'라고 맞장구를 쳐주는 사람이 고맙게 느껴지기도 한다.

미국의 통신회사 AT&T의 신입사원을 대상으로 직업 적응도를 조사한 결과는 이런 점에서 흥미롭다. 이 조사는 20년에 걸쳐 진행되었는데, 인문학 전공자들이 간부가 된 비율이 경영이나 공학을 전공한 사람들보다 높다는 결과를 보여주었다. 인문사회 전공자의 43%가 간부가 된 데 비해, 경영 전공자는 32%, 공학 전공자는 23%에 그쳤다. 전문 분야에 대한 지식이 풍부할수록 승진하는 데 유리할 것이라는 상식과 달리 리더가 되는 데에는 지식 이외의 관계 능력이 더욱 우선시 된다는 좋은 표본이다. 중년이 되면서 힘을 발휘하는 사람이 따로 있다는 말이다.

어떤 사람이 중년이 되면서 힘을 발휘할까? 관계의 폭을 넓히고 그 깊이를 심화시키는 사람이다. 한마디로 관계를 창조하는 사람이 승자가 된다. 이삼십 대에는 개인 능력을 중요하게 여긴다. 또 자기 부서 외에 다른 부서와의 관계, 대외 관계가 더욱 중시된다. 중년이 되면 부서관리와 대외관계를 더 중시하게 된다. 따라서 중년의 자기 관리는 여러 사람이 기쁨을 누리게 하는 관계만들기다.

제대로 철이 든 사람은 마흔부터 두각을 나타낸다는 말도 그

래서 나온다. 마흔이란 나이는 세상을 아는 절호의 시기인데 그
시기를 놓치면 환갑을 넘겨도 철이 들지 않는다고 말하는 사람
도 있다. 나는 마흔 살의 변신을 책임 있는 인간이 되는 통과의
례라고 본다.

아라야를 찾아서

자기 변화 전문 강사인 나는 간혹 변신에 대해 질문을 받는다.
어떻게 마흔이란 나이에 프리랜서로 독립했느냐, 중년의 잠재
력을 살리려면 무슨 준비가 필요하느냐 등이다. 그럴 때마다 나
는 현대라는 무대를 먼저 생각하고 중년의 역할을 찾아보자는
말을 한다. 현대라는 판이 움직이는 흐름을 알면 변신의 가닥이
잡히기 때문이다.

　남자는 영웅의 깃발을 걸고 앞장서야 한다고 믿던 시절이 있
었다. 그런 믿음 때문에 사막으로 달려가 입술을 깨물며 눈물을
삼키고 부를 일구었다. 이제 우리는 그런 과거를 유연하게 승화
시킬 때가 되었다. 바야흐로 창조의 시대가 온 것이다.

　창조의 시대는 열심히 일하는 사람이 성공하는 것이 아니라
남다른 발상의 주인공이 성공한다. 그래서 현대의 중년은 비범
한 아이디어를 찾아야 한다. 젊을 때 거울을 보면 거울 속에 비
친 인물이 앞으로 튀어나오는 것처럼 보인다. 그런데 중년이 되

면 거울 속의 인물이 저만치 물러서 있다. 왜 똑같은 거리에서 똑같은 인물이 다르게 보이는가? 그것은 인물 속에 담고 있는 아이디어와 열정이 달라졌기 때문이다. 사람은 마음 속에 저장된 내용물에 따라 보여주는 힘이 다르다. 열정과 희망이 있는 사람은 빛이 느껴지는 반면, 좌절과 절망에 빠져 있는 사람은 어두운 그림자가 가득하다.

히말라야는 산스크리트 말로 눈의 창고라는 뜻이다. '히마'는 눈을 뜻하고 '라야'는 창고를 뜻한다. '라야'라는 단어 앞에 '아'자를 붙이면 아라야가 되는데 창고에 넣는다는 뜻이다.

당신의 아라야는 무엇입니까?

이 말은 당신의 마음속에 저장한 것이 무엇이냐는 뜻이다. 평범한 사람은 아라야가 고정된 사람이고 비범한 사람은 아라야의 비움과 채움이 개방적인 사람이다.

현대는 정보가 돈을 만드는 세상이라서 정보를 수집하고 정리하여 상황에 맞춰 끄집어낼 수 있는 사람이 성공한다. 평생 놀기만 한 사람이라고 해서 모두 패가망신하는 것은 아니다. 구석구석 다니면서 보고 배우고 느낀 것들을 잘 정리하여 프로그램으로 만들어 팔면 훌륭한 여행 전문가가 될 수 있다. 취업 정보를 소통시킴으로써 리쿠르트사가 성공한 것도 아라야의 활발성 덕분이다.

아라야가 활발한 사람은 상념의 파동이 세상과 연결되어 있다. 그런 사람은 세상의 변화에 맞춰 생각을 유연한 사고를 한다. 현대적으로 말하면 무의식과 의식이 잘 통합되어 있는 것이다. 중년은 잠들어 있는 무의식을 깨워 이성과 결합시켜야 한다. 그래서 중년은 젊음을 재창조하는 시기다. 이때 내가 일의 꽁무니만 따라다니는 일중독자가 아니지 먼저 진단해 보아야 한다.

소쌈의 시작

대학을 졸업할 무렵 나는 국내 최고라는 S그룹에 합격하여 연수를 받을 준비를 하고 있었다. 그런데 지도교수님이 색다른 권유를 하셨다. 광고회사에 가면 전공을 살릴 수 있다는 말씀이었다. 광고회사? 회사가 광고를 만든다는 것을 처음 알았을 만큼 뭘 몰랐던 나는 전공이란 말에 솔깃했다.

대학에 들어오기 전이었다. 고향 어르신 중에 한 분이 "출세한다는 것이 뭔지 아는가?"라고 물으셨는데 아무 대답을 못하자 이런 말씀을 하셨다.

"사회에 나와 학교에서 배운 것 반만 써먹어도 엄청난 출세를 한 것일세!"

그렇구나! 많은 사람들이 학교에서 배운 것의 반도 못 쓰고 사는구나! 그런 생각을 했던 나는 대학의 전공을 정할 때 보다 근본적인 공부를 해보기로 했다. 그전에는 정치 문제 때문에 한국이 못사는 거라고 생각해서 정치외교학을 공부하고 싶었다. 그런데 좀 더 깊이 생각해보니 사람들의 생각을 바꾸는 것이 정치를 잘하는 것보다 중요할 것 같았다. 무슨 공부를 하면 사람들의 생각이나 행동을 바꿀 수 있을까? 그런 고민 끝에 나는 심리학을 선택했다. 그런데 졸업을 앞두고 지도교수님이 전공을 살릴 수 있는 곳이 있다고 하셨으니 어디든 가지 않을 수 없었다.

같은 구름에서 떨어지는 빗방울이라도 그 위치에 따라 태평양이 되고 대서양이 된다. 미국의 로키산맥 위에 떨어지는 빗방울 얘기다. 정치외교학을 공부하려던 사람이 심리학을 공부하고 대기업을 가려던 사람이 광고회사를 가게 된 것은 한순간에 엇갈리는 빗방울 같았다.

광고회사에서 내가 했던 일은 소비자조사였다. 고객들이 상품을 선택하는 기준과 동기를 알아내어 상품 이미지를 만드는 일이다. 1980년대 초반만 해도 그런 일을 하는 사람이 드물었다. 그런데 세상이 다양해지면서 조사 일이 파도처럼 밀려들었다.

나에게 직장생활은 '야근'이라는 한 단어로 요약된다. 몇 달째 일요일도 없이 일할 때도 있었다. 야근을 끝내고 움푹 파인 눈으로 맥주잔을 마주할 때면 문득 이런 질문이 떠오르곤 했다.

'쫓기는 자의 고독인가? 쫓는 자의 허무인가?'

고독과 허무라는 단어는 술이 취할 때 불쑥 나타나는 손님같은 것이었고 술이 깨면 '또 싸워서 이겨야지!' 하는 투지로 돌아가곤 했다. 언제 고독과 허무가 있었느냐는 듯이. 그러나 연달아 하는 야근에 몸이 녹아날 때면 나는 어릴 때 보았던 소쌈을 하고 있다는 기분이 들곤 했다. 소쌈! 소쌈은 그냥 소쌈이라고 불러야 멋있다.

투우라고 불러도 싱겁고 소싸움이라고 불러도 어색한 딱 두 글자인 소쌈. 소쌈은 힘과 함성을 구경할 수 있는 박력적인 행사로 진주 남강변 모래밭에서 벌어졌다. 그날은 별의별 장사들이 몰려들었다. 솜사탕, 깨엿, 단물, 국밥, 번데기, 엿치기, 돌리고 찍기, 뽑기 등이었는데 그만큼 놀이마당이 컸다.

소쌈을 알면 스페인의 투우는 싱겁다. 스페인 투우는 투우사가 프로그램에 따라 쇼를 하는 것에 불과하다. 그러나 소쌈이 벌어지는 백사장에는 투우사 대신에 소 주인이 등장하는데 그 모습 또한 여느 농부의 차림과 같다. 싸움에 붙을 두 소를 소개할 때 소 주인아저씨도 소와 함께 입장하면서 한 바퀴 돈다. 곧이어 징소리가 울리면서 싸움이 시작된다.

스페인 투우에 등장하는 소는 검은 색으로 그 색깔 자체가 곧 죽어야 할 희생물임을 암시한다. 화려한 투우사는 붉은 색의 천으로 소를 유혹하는데 그때의 날렵한 동작과 멋진 폼이 관객을 흥분시킨다. 처음부터 검은 색과 붉은 색의 대립이 흥분을 자아낸다. 그러나 소쌈에서 전투를 예감하는 단서가 없다. 등장하는 소는 누런 황토빛으로 몸집이 큰 순둥이에 불과하다. 저런 순둥이가 제대로 싸움이나 할까? 이런 의문이 오히려 소쌈에 빨려들게 한다.

소쌈의 하이라이트는 두 마리의 소가 서로 머리를 맞대고 버티기 시작하면서부터다. 이때 서로 싸우는 양쪽 소 주변에서 주인들이 고함을 질러대기 시작한다. 소는 저마다 이름을 갖고 있는데 그 이름조차 동네 아이처럼 용팔이나 돌쇠 등 토속적이다. 소 주인들이 "용팔이 밀어! 밀어!"라고 외치거나 "돌쇠! 치고 나가! 치고 나가!"라는 고함을 지를 때 관중들은 손에 땀을 쥔다. 짧게 승부가 나는 경우도 있지만 서로 버티는 시간이 길어질수록 소 주인들의 목청은 높아간다. 이때 소쌈은 소 주인 간의 본격적인 경쟁이 된다.

머리를 맞대고 버티는 소는 허연 침을 흘리면서 가쁜 숨을 몰아쉬느라고 씩씩거린다. 순하디 순한 두 눈에 붉은 핏줄이 서리고 소 주인의 고함소리는 결코 무릎을 꿇을 수 없는 절박함을 고조시킨다. 그러다가 어느 순간 한 마리의 소가 꼬리를 보이고 도망을 가면 함성이 울리면서 승리한 소가 탄생한다. 어릴 때 본 소쌈에서 이긴 소는 조금 전에 자신이 무엇을 했는지도 모를 만큼 태연했다. 그러나 야근을 거듭했던 나는 소가 아니라 사람이었기 때문에 태연할 수 없었다. 게다가 일을 마치고 나면 온몸을 진동시키는 여진이 남아 있었고 그런 가운데 문득 이런 의문이 들었다.

‘나는 무엇과 싸워서 얼마나 이겼을까? 꼭 이런 식으로 일을
해야 하나?’

뽕뽕 부장

나에게 조사 일을 가르쳐 준 건 뽕뽕 부장이었다. 뽕뽕이란 말
은 점심시간에 오락실에서 뽕뽕 소리가 나는 전자오락을 즐긴
다고 해서 붙여진 별명이다. 뽕뽕 부장이 직장생활을 처음 시작
했을 때는 목숨을 바친다는 각오로 살았다고 한다. 그래서 후배
사원들에게 이런 말을 자주했다.

“마누라가 출산할 때 산부인과에 입원하는 것을 보고 출장
을 갔어. 그만큼 회사 일이 더 중요했지.”

뽕뽕 부장은 충청도 산골 출신으로 공부를 잘했다. 초등학교
때 서울로 전학 와서 시험을 쳤는데 맞는 답을 틀렸다고 해서
선생님에게 항의하다가 망신 당한 얘기를 들려주기도 했다.

“야! 이놈아! 무수가 뭐냐? 무우라고 써야지.”

시험문제의 답은 ‘무우’였는데 자신은 충청도 사투리로 써
서 틀렸다는 것이다. ‘무우’는 요즘 ‘무’로 바뀌었다고 한다.
그렇듯이 세상의 말도 시대에 따라 바뀌는데 뽕뽕 부장은 오직
근면 성실하게 일만 했다.

도심지 아파트 매미들은 밤에도 운다. 전등불 때문에 낮과

밤을 구분하지 못하기 때문이다. 그래서 도시의 매미는 언제 울음을 그쳐야 하는지도 모르고 마냥 울기만 한다. 뽕뽕 부장은 그런 매미 같았다. 아무리 늦게 퇴근을 해도 항상 제시간에 출근을 해서 “도대체 부장님은 잠도 주무시지 않나요?”라는 말을 아침 인사로 들을 정도였다.

그의 일과는 다음과 같다. 회의를 다녀온 뒤 직원들의 업무 상태를 점검하고 조간신문을 본다. 오후에는 거래처 방문 또는 타 부서와 회의를 하고 해가 뉘엿뉘엿 지기 시작할 무렵부터 일할 준비를 한다. 일이 많더라도 야근을 피하는 방법은 있다. 제시간에 퇴근하고 아침 7시쯤 출근한다면 밤 10시까지 야근하는 것보다 더 많은 일을 할 수 있다. 그러나 뽕뽕 부장은 야근을 선택했다. 그렇게 하는 것이 열심히 일하는 사람으로 비쳐졌기 때문이다. 결국 야근도 습관이었다. 그런 깨달음으로 나를 보니, 아뿔싸! 어느새 나도 그런 습관이 배어 있었다.

입사하여 3년 차가 되자 내 위에 있던 3명의 직원이 퇴사하면서 나는 최고참 사원이 되었다. 그들은 퇴사 이유로 저마다 개인 사정을 내세웠지만 사장과 면담을 할 때 뽕뽕 부장의 리더십을 거론했던 것 같다.

어느 날 아침 뽕뽕 부장은 낯선 보고서를 챙겨서 사장실로 올라갔다. 그날따라 그는 “아! 미치겠구먼!” 하면서 서둘렀다. 그가 간부회의에 가고 난 뒤 책상 위를 보니 리더십 책이 한 권 놓여 있었다. 아마도 사장이 리더십에 대해 공부 좀 하라고 별도의 지시를 내린 모양이었다. 그날 점심을 먹고 사무실로 가던 중 회사 근처의 오락실에서 귀에 익은 목소리가 들렸다. 알고 보니 전자오락에 미쳐서 괴성을 지르는 **뽕뽕** 부장이었다.

"뭐하는 거야! 전체를 보라니까! 전체를 장악하라구!"

그날 아침 보고서를 올리면서 그가 사장에게 들었을 말은 뻔했다. 그것은 바로 '전체를 보라니까! 전체를 장악하라구!' 였을 것이다.

열심히 일한다는 것과 잘산다는 것이 반드시 일치하는 것은 아니다. 서울대학교를 나온 그는 서울대학 졸업장이 개장수보다 못하다는 자조의 뜻으로 이런 말을 하기도 했다.

"안 쓰고 안 먹고 열심히 노력해서 집을 한 채 사게 됐지. 그런데 나에게 집을 파는 집주인은 글자도 모르는 개장수였어. 그런데 어떻게 계약을 했느냐고? 그 사람 밑에 고등학교 나온 사람이 비서처럼 따라다녔어."

배터리 국장

대학원에 진학하면서 나는 다른 광고회사로 직장을 옮겼다. 그곳에서 나는 **뽕뽕** 부장을 능가하는 일중독자를 만나게 되었는데 그가 바로 배터리 국장이다. 배터리처럼 힘이 강력하다고 해서 다들 그렇게 불렀다. 그는 통행금지가 있던 시절 퇴근하다가 무슨 아이디어가 떠오르자 집으로 가지 않고 여관으로 들어가 일을 했다는 신화의 주인공이었다. 어느 날 배터리 국장이 나를 불러 지시를 했다.

"다음 주 월요일까지 가나 초콜릿 콘셉트를 조사해서 알려줘!"

도깨비 방망이를 두드린다 해도 그때까지 끝내기가 어려웠지만 거절할 수 없었다. 하는 수 없이 평소 초콜릿을 즐겨 먹는 사람들을 찾아 심층면접을 하기로 했다. 심층면접은 설문조사와 달리 사람들의 마음속에 숨겨진 욕망이나 동기를 찾아내는 조사 기법이다. 나는 여고생이나 여자 직장인들과 심층면접을 하면서 초콜릿 속에 숨겨진 의미를 찾을 수 있었다. 그것은 우정의 징검다리, 사랑의 화살, 고독의 동반자였다.

배터리 국장은 그중에서 고독의 동반자를 택해 〈가나와 함께라면 고독마저 감미롭다〉는 광고를 만들었다. 상품을 사용하는 고객의 마음을 겨냥한 광고였다. 가나는 초콜릿을 고독의 진한 맛으로 연결시키기 위해 채시라를 모델로 썼다. 그녀는 그렇게 광고 화면을 통해 세상에 알려졌다. 광고를 의뢰한 회사에서 너무 슬프지 않느냐고 우려했지만 이 광고로 인해 경쟁 브랜드를 앞설 만큼 대박을 터뜨렸다.

우리 회사에서도 해당 직원들에게 시상을 했다. 그런데 배터리 국장은 자기 부서 직원들을 챙기기 바빠서 나를 제외시켰다. 남들이 줄줄이 상을 받는 것을 바라보며 나는 박수만 쳐야 했다. 일을 시킬 때 바쁘게 서둔 것처럼 끝마무리도 바쁘게 처리한 배터리 국장은 완벽주의자였다. 그렇지만 아무리 강력 배터리라도 충전 없이 얼마나 버틸지 의문스러웠기 때문에 보는 입장에서는 늘 아슬아슬했다.

IMF 때 배터리 국장은 전무였다. 그때 그는 제 손으로 수많은 직원들을 잘라야 했다. 한때 해직기자였던 그는 빈 사무실을 마련하여 해직 직원들에게 쉼터로 제공했다.

"나만큼 아픔을 아는 사람이 있겠느냐? 집에 있으면 마누라 눈치 보기도 힘들 텐데 일이 없더라도 회사에 나와 재기를 모색하자구. 내가 해 줄 수 있는 것은 이것밖에 없어 미안하다."

박정희 대통령은 역사상 최초로 동아일보에 광고를 싣지 못하게 하는 탄압을 했고 전두환 대통령은 언론통폐합이란 이름으로 강제해직을 단행했다. 그 두 가지 시련을 겪은 그는 한동안 피신 생활을 하기도 했다. 어느 날 그는 술이 거나한 모습으로 과거를 회고한 적이 있다.

"군인들이 신문사를 점령하고 있을 때였지. 해직을 당해 화도 났고 술도 취해 신문사 건물을 내려오면서 복도에 세워둔 화분들을 모두 발로 차서 넘어뜨렸어. 그때 웬 장교가 '이러시면 안 됩니다'라고 경어를 쓰면서 그 화분들을 모두 바로 세워 놓더라구. 지금 생각해 보면 그때 그 장교가 참 신사였어. 군인의 권력이 하늘을 찌를 듯이 높을 때라서 일개 기자 한 명은 우습게 보였을 텐데…… 그때 까딱했으면 맞아 죽었을지도 몰라."

과잉적응 증후군

나의 친구 중에 누구보다 열심히 살면서 건강을 돌보는 사람이 있었다. 일요일마다 일찍 일어나 북한산을 등반하기도 했고 친구들을 만날 때마다 건강을 강조했다. 그런데 그 친구가 40대 초반에 암으로 떠날 줄이야!

영국의 컨설턴트 찰스 핸디는 그의 저서 『헝그리 정신』에서 마이클이란 경영자를 소개한 적이 있다. 마이클은 딸아이에게 '무리하지 마라'는 조언을 한다. 그러자 딸은 아빠는 더 하지 않느냐고 묻는다. 그때 마이클은 사업의 중요성을 강조한다. 사업은 자전거를 타는 것과 같아서 페달을 멈추면 떨어진다고. 그러면서 자신은 60세가 되면 은퇴하여 엄마와 꿈꾸었던 일을 할 것이라고 말한다. 그러면서 마이클은 책상을 정돈하고 책상 위에서 테니스를 치겠다고 한다. 일한다는 것을 그렇게 표현한 것이다.

3시간 후에 딸은 전화를 받았다. 병원이었다. '테니스 코트'에서 심장발작을 일으킨 그는 병원에 도착하기도 전에 죽어 있었다. 최근의 건강 진단을 보면 콜레스테롤 수치가 높은 것과 만성 피로 외에 아무 이상이 없었다. 앞에서 소개한 나의 직장 상사들이나 친구 그리고 마이클이란 경영자의 공통점은 모두 현실에 충실하다 보니 과잉적응하게 되었다는 것이다.

1974년 미국의 해럴드 브란트 심장혈관 연구소의 프리드만과 로젠만은 심근경색에 걸리기 쉬운 환자들의 공통점을 찾았다. 우리말로 하면 '빨리 빨리'가 병의 원인이었다. 그는 그런 스타일을 타입A라고 불렀는데 그 특징은 다음과 같다.

1. 목표를 스스로 선택하여 달성하려고 온 힘을 기울인다.
2. 남을 이기겠다는 경쟁심과 투지가 왕성하다.
3. 주위로부터 인정받고 싶은 욕구가 강하다.
4. 온갖 일에 손을 대고 언제나 분주하다.
5. 일을 빨리 끝내려고 늘 서두른다.

타입A의 사람은 자신을 신으로 착각하는 경향이 있다. 그래서 남들을 제대로 된 사람으로 보지 못한다. 그는 다른 사람들을 바보 아니면 멍청이라고 말하기도 한다. 자신이 언제 죽을지도 모르면서. 프리드만과 로젠만은 '빨리 빨리' 유형의 사람들에게 속도를 늦추는 처방으로 다음과 같은 행동을 제시했다.

1. 동시에 여러 가지 생각을 하는 습관을 버려라! (여러 가지 생각들은 갈등을 초래하기 쉬우니까)
2. 듣는 습관을 기를 것
3. 집중력이 필요한 책을 읽을 것
4. 자신과 만날 수 있는 은밀한 공간을 집 안에 마련할 것
5. 여행이나 휴가계획을 과거보다 느긋하게 세울 것

6. 아침시간을 여유있게 즐기고 점심시간에는 책상 위의 일거리
   를 치워볼 것 (일거리를 자꾸 보게 되면 죄악감이 생길 수도
   있으니까)

피터의 원리

컬럼비아 대학교수 로렌스 피터는 『피터의 원리』에서 승진은
능력과 무관할 뿐만 아니라 오히려 무능한 사람의 몫이라고 했
다. 인간이 만든 위계 조직은 필연적으로 무능에 빠질 수밖에
없다는 뜻이다.

왜 무능한 사람이 진급하기 쉬운가? 그 이유는 노력에 대한
과대평가 때문이다. 노력 만능주의자는 신경쇠약이나 위궤양,
불면증 등에 시달리면서 기를 쓰고 더 오르려고 한다. 뽕뽕 부
장 역시 안 해도 되는 야근을 감행하면서 실적 올리기에 급급했
다. 그런 그가 마케팅 전략이란 일을 했다는 것이 아이러니다.
왜냐하면 그가 사는 방식은 전략적인 것과 거리가 멀었기 때문
이다.

열심히 노력해서 승진하는 것이 무엇이 나쁘냐고 반박하는
사람도 있을 것이다. 그렇지만 모든 능력을 승진에 초점을 맞출
때 숨이 막혀 죽을 수도 있다. 승진에 집착할수록 개방적인 발
상을 하지 못하고, 일이 잘못되었을 때 분명한 원인을 찾으려고

하기보다 노력 부족을 탓하기 때문이다.

한때 우리는 '하면 된다'는 정신으로 죽으라고 열심히 일했다. 그런 점에서 나의 직장 상사들은 모범생이었다. 그러나 IMF 사태를 겪으면서 많은 변화가 있었다. 중역이 된 뽕뽕 부장은 IMF 때 실직을 당했고 그후 사업을 시작했으나 신통치 못해 고생을 했다. 그러던 중 뇌경색을 겪었는데 수술을 하다가 잘못되어 3년 이상 식물인간 상태로 있다. 그동안 못 주무신 잠을 몰아서 자는 것일까?

어느 날 나는 꿈에서 배터리 국장을 보았다. 양복 차림으로 출장 가방을 들고 있던 그는 내게 이렇게 말했다.

'이번 출장은 좀 길다. 오래 걸릴 것이다.'

꿈에서 그를 본 날, 나는 한 통의 전화를 받았다. 몇 달 전까지 생생했던 사람이 췌장암으로 세상을 떴다는 것이다. 그에게 이승의 하직은 저승으로의 출장이었을 것이다. 예쁜 세 딸 중에 하나도 시집을 보내지 못하고 세상을 하직했으니 하늘나라에서나마 배터리를 충전하실까?

일중독에 빠진 사람들을 보면 마음속에 있는 대립된 힘이 갈등하고 있는 경우가 많다. 다음에 소개하는 10개의 질문 중에 6가지 이상 '그렇다'는 답이 나온다면 일단 자신의 성향을 의심해봐야 하고 8가지 이상이라면 생활 스타일을 바꿔야 한다.

1. 나는 규칙을 지키는 데 엄격한 편이다.

2. 예의나 습관을 아주 중시한다.

3. 나는 책임감이 강하다.

4. 남의 잘못을 보면 지적하는 경우가 많다.

5. 매사가 명확하지 않으면 불안하다.

6. 조심성이 많고 소극적이다.

7. 남에게 잘 보이려고 노력한다.

8. 행동을 하기 전에 남의 표정을 살핀다.

9. 싫은 것을 싫다고 못하고 참을 때가 많다.

10. 윗사람이나 아이의 비위를 맞추면서 사는 편이다.

위의 10문항 중에 먼저 소개된 5개의 문항은 엄격한 아버지 상을 의미하고 아래의 5개 문항은 순종적인 아이 상을 의미한다. 대개 일중독자의 경우, 마음속에 엄격한 아버지 상과 순종적인 아이 상이 대립되면서 성숙한 에고가 제대로 작동되지 않는 경우가 많다.

성숙한 에고의 특징은 조화력이다. 조화력을 기르기 위해 내가 추천하는 것들은 다음과 같다.

- 매사를 이기거나 진다는 승부로 보지 말고 때로는 지는 즐거움도 누릴 것

- 상대방의 약점보다 강점을 먼저 보고 칭찬하는 습관을 들일 것

- 평소 산보나 가벼운 운동을 습관화하면서 좋지 않은 감정들을

내보내고 즐거운 기분 상태를 유지할 것

○ 노력만이 최선이라는 생각을 버리고 다른 사람에게 아이디어를 구할 것

○ 다른 사람의 말을 잘 들어주고, 자신도 재미있게 말하는 법을 배울 것

○ 긴장이 생길 때마다 유머를 한 가지씩 떠올리며 구사하려고 시도할 것

○ 나보다 못난 사람이 없다는 신념으로 남을 존중할 것

○ 일 년에 한 번 이상 정기를 채우는 여행이나 특별 등산(백두산, 태백산 등)을 할 것

무의식과 만나다

젊은 시절 사람은 밖에 관심을 둔다. 그러면서 남보다 뛰어나려고 갖은 노력을 한다. 그러는 가운데 많은 정력을 소비하는데 그러고 나서 얻은 성공은 별 의미가 없어 보인다.

중년은 아직도 정력이 남아 있는 나이다. 그렇다면 그 정력을 어디에 쏟아야 하나? 인생의 후반기가 되면 자신의 내면세계에 투자할 줄 알아야 한다.

남을 의식하면서 살 때는 중요한 것이 명백했다. 그것은 물질적인 풍요다. 돈과 특권, 명성과 지위 이런 것들이 성공의 지표가 된다. 그러나 중년 이후에는 저마다 자신에게 어울리는 행복을 찾아야 한다. 그러자면 따지거나 비교하는 습관을 벗어던

지고 다른 이와 기쁨을 같이 누리고 의미를 공유하는 버릇을 길러야 한다. 주관적으로 삶을 교감하는 것이다. 그래야 긍정적인 심리를 갖게 되고 자신의 존재감을 느낄 수 있다.

세상 모든 것을 다 알면서 사는 사람은 없다. 설사 알더라도 그것이 모두 옳은 것도 아니다. 세상은 내가 모르는 것 투성이다. 이렇게 생각하는 것이 편할 때가 많다. 융은 미지의 신비를 있는 그대로 인정하고 받아들이라고 한다. 그래야만 마음의 균형이 생긴다는 것이다. 그래도 뭔가 아쉬움이 남는다면 세상을 신화로 해석했던 옛사람들의 지혜에 귀를 기울여보는 것도 한 방법이다.

융은 사람이 합리적일수록 정서적 위기가 커진다고 했다. 이성만이 길이고 답이라는 신념이 크면 무의식이 억눌리면서 영혼이 황폐해진다. 그렇다면 영혼을 찾고 일체감을 누리는 방법은 없을까? 해답은 바로 숨겨진 무의식을 회복하는 것이다.

도대체 무의식은 무엇일까? 무의식을 글자 그대로 해석하면 안 된다. 글자 그대로 무의식을 해석하면 '없는 의식'이란 뜻이 된다. 무의식은 없는 의식이 아니라 '의식에 억눌려 있는 것'이다. 프로이드는 무의식이 억압되었을 때 나타나는 병리적인 문제에 주목했다. 그러나 융은 무의식을 깨달으면서 얻을 수 있는 심리 성장에 주목했다.

삶의 의미를 찾으면 공허감과 허탈함을 극복하여 살아 있는 자기를 실감할 수 있다. 그런 과정에 이르는 길 중에 하나가 꿈을 해석하는 것이다. 꿈은 여러 가지로 흩어진 조각 그림과 같지만 그것들을 잘 끼워 맞추면 하나의 온전한 그림이 된다. 그것이 바로 개성화가 이루어지는 길이라고 융은 말한다.

어떻게 무의식을 만날 수 있을까? 질문에 답을 하기 전에 '1리터 주스 병에 얼마나 많은 물이 들어갈까?'라는 질문을 해보자. 답은 당연히 1리터라고 말할 수 있다. 그러나 답은 제로다. 먼저 1리터 주스 병에 들어 있는 쥬스를 비워야 하기 때문이다.

변신은 새로운 삶을 선택하는 것이다. 그러나 삶에는 일정한 용량이 있어서 어제의 삶을 그대로 유지한 채 새롭게 살기는 어렵다. 그래서 새로운 삶을 살려면 어제의 삶을 먼저 비워야 한다. 어제의 삶이 따지고 비교하는 삶이라면 무의식과 통하는 삶은 전체를 느끼고 교감하는 삶이다.

귀근왈정

중년은 고독의 감정이 깊어지는 때다. 내가 어렸을 적에는 앙케이트라고 해서 추억록을 만드는 것이 유행이었다. 앙케이트는 친구들과 헤어지기 전에 그들로부터 몇 자 적게 하여 기념으로 간직하는 노트였다. 그때 취미란에 고독이라고 쓰는 사람이 꽤 있었다. 고독! 당시 그 말은 우아하면서 신비로운 별세계의 단어였다. 그러나 중년이 되면 고독이 남의 일이 아니다. 고독의 뜻을 알려면 아일랜드 시인 예이츠가 쓴 「지혜는 시간과 더불어 온다」는 짧은 시를 떠올릴 필요가 있다.

Though leaves are many, the root is one;

Through all the lying days of my youth

I swayed my leaves and flowers in the sun;

Now I may wither into the truth.

잎은 많지만 뿌리는 하나

내 청춘의 많은 날에

꽃과 잎을 태양에 흔들었지

그러나 이제 진실의 뿌리로 이울어가네

뿌리 속으로 이울어간다? 이 말은 노자의 『도덕경』 16장에 나온 귀근왈정歸根曰靜과 같은 뜻이다. 귀근왈정은 뿌리로 돌아가는 고요함인데 모든 것을 일단 받아들이면서 살아야 한다는 뉘앙스도 있다.

미국의 유명한 정신과 의사인 스캇 펙은 나이를 먹는다는 것을 각본과 다른 현실을 맞는 좌절이라고 했다. 그러면서 몸에 무슨 이상이 생겨 두어 주일 안에 정상으로 돌아올 것이라는 생각을 할 때면 중년이라고 했다. 그는 19세 때 목이 뻣뻣하고 뒤틀리는 경험을 했다. 41세 때부터는 왼손이 쑤시거나 얼얼한 증세가 더했다. 진단 결과 퇴행성 디스크 증세였고 목뼈 하나를 빼는 수술을 했다. 44세 때 의사로부터 쇠약한 사람이라는 진단을 받는다. 48세 때 폐렴에 걸리자 강철인간처럼 살던 인생을 그만둔다. 54세 때는 허리에서 척추 뼈 두 개를 빼야 했다. 56세가 되자 그는 전립선 확장 증세로 하루에도 몇 번씩 오줌을 질금거려 팬티를 적셨다. 그러나 그는 건강과 육체적 활력 상실을 고통으로 여기지 않는다. 그러면서 불신과 냉소주의와 분노에 사로잡히지 않을 만큼의 환상을 그리워한다.

대부분의 미국인들은 중년의 시작을 60세로 여긴다고 한다. 그만큼 그들은 젊음을 길게 본다. 이 젊음을 길게 유지하려면 나이를 초월한 친구가 있거나 나만의 취미를 살리거나 고독과 친하는 법을 배워야 한다.

좌우지간 두 마디

중년이 되면 시야가 넓어지면서 다른 삶을 인정하는 슬기가 생기기 시작한다. 말을 하더라도 압축하는 습관이 생기고 산만한 내용도 두 단어의 키워드로 요약하고 싶어진다. 쉽게 말해 단순함의 힘을 깨닫는 것이다.

나의 친구 중에 박상훈이란 마케팅 전문가가 있다. 마케팅 전문가는 고객에게 좋은 추천안을 제시할 수 있어야 하는데 그 조건이 일반 상식과 다르다. 많이 알면 좋은 추천안을 줄 수 있다고 생각하는 사람도 있지만 안다는 것과 추천안을 마련하는 것은 별개다.

좋은 추천안을 낼 수 있는 조건은 무엇인가? 그것은 문제제기를 남다르게 하는 것이다. 모든 사람이 북쪽에 문제가 있다고 할 때 '혹시 남쪽에 문제가 있지 않을까?' 라고 생각할 수 있는 발상전환이 마케팅 전문가의 조건이다.

"뭔지 모르지만 분명히 뭔가가 있어요. 좌우지간."

이 말은 박 선생이 무슨 문제를 찾을 때마다 뇌까리는 말이다. 그런 말을 자주 듣다보니 그를 '좌우지간' 으로 부르기도 한다. 좌우지간이란 왼쪽과 오른쪽 사이란 뜻이다. 일상에서 좌우지간이란 말을 할 때는 '이런저런 사정이 있더라도 해야 한다' 는 의미가 있다. 세상에 벌어지는 일들을 보면 좌우지간 하는 일이 꽤 있다.

박 선생은 '두마' 라는 별명도 갖고 있다. 결론은 두 마디로 충분하다고 늘상 주장하기 때문이다. 그는 마케팅도 복잡하게 말할 것 없이 '산다' 는 두 마디면 충분하다고 한다. 고객은 어떤 상품을 왜 사는가? 기업은 고객을 어떻게 더 편리하게 살게 해주는가? 그런 의문을 풀어야 고객도 살고 기업도 산다는 것이다.

두 마디 답을 찾아라! 이런 신조로 사는 그는 충청도 사람으로서의 남다른 자부심도 있다. YS와 DJ가 대통령이 된 것도 모두 JP 때문에 가능했다. 그런 의미에서 JP의 능력은 여당도 아니고 야당도 아닌 쇼당에 있다고 했다. 쇼당? 그것도 두 마디다.

그는 충청도 사람이 느리다고 하지만 절대 그렇지 않다고 하면서 누가 어떤 제안을 할 때 충청도 사람이 '됐시유!'라고 세 마디로 말하면 이미 물 건너 간 것이라고 했다. 충청도 사람들의 경우, 시장에서 물건을 팔 때 값이 맞지 않으면 말이 많아진다. '소나 멕이지유!'

박두마는 경상도 남자들이 카바레에서 여성과 춤을 추자고 할 때도 말이 많다고 했다.

'아가씨 쥑이 주는데 내캉 춤 한번 안 출라요?'

전라도 사람도 비슷하다고 했다.

'아따 기분도 껄적지근한디 한번 돌아버립시다잉!'

그러나 충청도 사람은 절대로 긴말을 안 한다. 충청도 남자는 단 두 마디면 족하다는 것이다. 그가 말한 두 마디는 이것이었다.

'출텨?'

흐르는 강물처럼

중년은 마음의 에너지가 청각으로 이동되는 시기다. 남이 나를 어떻게 말하느냐에 민감해진다는 뜻도 있지만 내 마음속에 있는 내면의 소리에 귀를 기울인다는 소리도 된다. 무엇이 내면의 소리인가? 우선 뭔지 모르지만 현재의 내가 어떤 흐름 속에 있다는 느낌을 들 수 있다. 내가 잘 모르는 흐름 속에 내가 있다? 이런 생각은 어느 정도 일에 숙달되어 조직 전체가 눈에 보이기 시작할 때 다가오는 속삭임 같은 것이다.

어릴 때는 내가 하는 일이 무엇보다 중요했다. 그런데 중년이 되면 내 일만큼 다른 일도 중요하다는 것을 깨닫게 된다. 그런 가운데 일이 흐름임을 알게 된다. 이런 깨달음이 생기면서 눈에 보이지 않는 능력도 필요하다는 것을 알게 된다. 여러 사람들이 관공서를 찾아가도 풀지 못했던 일을 왜 못생긴 박 과장이 나서면 쉽게 풀릴까? 이런 식의 의문이 들면서 일을 잘하는 답은 한가지만 있지 않다는 것을 알게 된다.

중년이 되면 세상을 뭉뚱그려서 보는 호흡이 생긴다. 직장은 서로 다른 사람들이 모여서 일하는 곳이다. 그러다 보면 불필요한 경쟁을 하기도 한다. 그런데 경쟁에서 이기는 사람이 반드시 유능한 사람은 아니다. 세상은 오직 뺏고 빼앗기는 극단만 있다. 이런 믿음을 가진 사람들은 편집증이 강한 반면 자기존중감이 약하다. 그래서 좀체로 남을 잘 믿지 못한다. 이런 사람들은 몇 번의 경쟁에서 이길 수는 있으나 큰 출세를 하기는 어렵다.

성공하거나 출세를 하는 사람은 남다른 무엇이 있다. 남다른 무엇이 과연 무엇일까? 이런 의문을 품는다면 틀림없는 중년이다. 성공하려면 운이 좋아야 해! 이런 말에 귀를 기울인다면 이미 중년의 문턱을 넘은 사람이다. 운이 좋다는 건 눈으로 비교해서 아는 것이 아니라 마음의 울림이 통했다는 뜻이다. 그래서 똑같은 일이라도 누구와 함께 하느냐에 따라 성과가 달라진다. 사람은 세상 변화의 주파수와 통하거나 다른 사람과 주파수가 통해야 성공한다. 이런 식으로 생각을 발전시키면 기가 무엇인지 알아들을 준비가 된 사람이다.

기가 통해야 살아 있다는 기분이 든다. 그래서 기는 삶의 의미를 충만하게 한다. 그러나 우리는 살면서 기가 빠진다는 것을 실감할 때가 더 많다. 뭔지 모르지만 사는 재미가 없거나 스릴이 없을 때가 있는 것이다. 게다가 기는 전적으로 내가 통제할 수 있는 것이 아니다. 분위기란 말도 있듯이 어떤 환경 속에 있느냐에 따라 내가 달라진다.

현대적 의미로 본 기는 감성공학이다. 미국에서 결혼을 하고 나서 6개월을 넘기지도 못하고 이혼을 거듭한 여인이 있었다. 그 여인이 심리상담가를 찾았다. 심리상담가는 그 여인이나 이혼을 했던 남자들로부터 어떤 성격상의 문제점을 발견할 수 없었다.

상담가가 보기에 그 여인은 아주 매력적이고 명랑한 사람이었다. 그리고 그 여인과 헤어진 남자들의 면면을 보아도 무엇 하나 부족함이 없는 사람들이었다. 문제를 풀 수 없었던 상담가는 오랜 고민 끝에 남자들을 만난 장소를 물었다. 그 결과 상담가는 한 가지 공통점을 발견할 수 있었다. 그녀는 모든 남자들을 자신이 일하는 헬스클럽에서 만난 것이다. 마침내 상담가는 한 가지 제안을 할 수 있었다. "다음번에는 다른 장소에서 만난 사람과 결혼하십시오.”

세월이 지나 심리상담가는 초대장을 받았다. 결혼 1주년 기념 파티에 와주십사는 내용이었다. 누가 이 초대장을 보냈을까? 기억을 떠올리다 보니 자주 이혼했던 여인이었다. 기쁜 마음으로 파티에 참석한 상담가는 행복한 표정의 여인에게 어디서 남자를 만났느냐고 물었다.

“자원 봉사 클럽에서 만났어요.”

무슨 일이 잘 풀리지 않을 때 사람들은 자신 또는 상대방을 분석하는 경향이 있다. 그러나 당사자와 무관한 환경 요인이 문제의 원인이 될 수도 있다. 헬스클럽에서 만난 관계는 서로의 매력에 도취하게 된다. 그러나 결혼 생활은 매력만으로 되는 것이 아니라 배려가 필요하다.

사람들은 기라고 하면 기공이나 요가 등 신비한 것을 연상한다. 그러나 기는 이미 생활 속에서 쓰이는 일상 언어다. 중요한 것은 예사로 쓰는 기를 좀 더 유심히 살펴보는 여유다. 기는 늘 변하는 것이면서 세상 만물의 생명을 살아 숨쉬게 한다. 중국에서는 날씨를 천기라고 하면서 생활 용어로 쓰고 있고, 일본에서는 정신 작용이나 감정까지도 기라는 단어를 활용하여 표현하고 있다. 기는 하늘, 땅, 사람 등과 어울려 천기, 지기, 인기 등 다양하게 쓰이다 보니 그 의미를 잊고 사는 경우가 많다.

중년이 되면서 기를 생각한다는 것은 그 나이가 되면 인기 있는 사람이 될 필요도 있고 맹자가 말한 호연지기도 펼칠 수 있기 때문이다. 호연지기는 기가 생리적 개념에 머물지 않고 의리와 도덕을 살리는 의지가 되는 것을 의미한다.

기를 살리는 중년은 복잡한 것을 단순하게 생각하고 시대 변화와 관계를 넓게 보면서 생각을 유연하게 하는 사람이다. 나는 계속해서 기에 대해 조금씩 소개할 것인데 그 전에 유념할 것은 중년은 어떤 식으로든지 문을 열어야 하는 나이라는 것이다. 그래서 지금까지 움켜쥐는 인생을 살았다면 버리고 비우는 삶도 준비해야 한다.

길게 보는 승부

서양에는 기에 대한 개념이 없다. 따라서 서양의 심리학자들은 중년기 위기를 성공 콤플렉스가 강하면 오히려 스트레스에 잘 노출되고 그 결과 정서적 또는 신체적 장애를 겪는다는 식으로 설명한다.

한국에 사는 중년들의 긴장을 보면 서양인의 경우와 크게 다르지 않다. 오히려 한국인들은 전통적인 가치관인 체면이 남아 있고 남다른 자존심이 있어서 더 많은 스트레스를 받을 소지가 있다. 그렇다면 중년기 위기를 극복하는 방법은 없을까?

융은 이성을 무기로 인생을 보지 말라고 했다. 그러나 지금까지 따지고 비교하고 평가하는 삶을 산 사람들에게 인생을 신비의 눈으로 보라고 하면 잘 납득하지 않는다. 그렇다면 무슨 다른 방법이 없을까? 나는 기가 통하는 인생을 제안한다.

무엇이 기가 통하는 인생인가? 그것은 인생을 자연의 틀에 대입하여 여유 있게 보는 것이다. 그런 시각으로 인생을 보면 남보다 빠른 출세가 반드시 좋지는 않다는 것을 알 수 있다. 늦게 꽃이 피고 잎이 나도 얼마든지 충분한 결실을 맺을 수 있기 때문이다. 대추나무는 늦게 잎이 나지만 늦가을에 많은 열매를 맺는다. 그렇듯이 기 통하는 삶은 인생을 길게 보는 것이다.

인생을 길게 보라고 해서 게으르게 살면서 하염없이 기다리라는 말은 아니다. 노력을 해도 안 되는 일이 있을 수 있으니 실패를 두려워 말고 계속 정진하는 마음의 여유를 가지라는 뜻이다. 인생을 길게 본다는 것은 실패를 사랑하라는 말과 통한다.

미국의 목사이자 컨설턴트인 노먼 필은 "실패를 걱정하지 말고 먼저 부지런히 목표를 향하여 노력하라. 노력한 만큼 반드시 보상을 받을 것이다"라고 말했다. 농구 황제 마이클 조던은 실패의 의미를 이렇게 말한 적이 있다.

"나는 농구 생활을 통틀어 9,000개 이상의 슛을 실패했고 거의 3,000게임에서 패배했다. 그 가운데 스물여섯 번은 다 이긴 게임에서 마지막 슛의 실패로 졌다. 나는 살아가면서 수많은 실패를 거듭했다. 바로 그것이 내가 성공할 수 있었던 이유다."

혼다 자동차를 창업한 혼다 소이치로는 자신의 인생을 99%의 실패로 소개했다. 그리고 나머지 1%는 실패를 통해서 깨달은 성과였는데 그것이 바로 성공이라는 것이다. 혼다의 집념은 세계 최고의 기술력을 증명해보이는 것이었다. 그래서 혼다는 1950년 대 후반에 오토바이의 올림픽이라고 일컫는 영국 랜섬 레이스에 출전하여 승리한다. 회사 안에서 터무니없는 짓이라는 반대가 있었지만 밤잠도 자지 않고 3년간 열심히 연구해서 마침내 승리할 수 있었다.

노력은 악조건을 딛고 설 때 빛이 난다. 지금의 서울 종로구 인현동에서 태어난 한 소년이 있었다. 그는 어릴 때부터 병정놀이를 즐겼고 의협심이 강했다.

28세에 무과 시험을 치렀는데 마지막 시험인 말타기에서 떨어진다. 보는 사람들이 죽었다고 생각할 만큼 내동댕이쳐진 그는 꿈틀꿈틀 움직이며 일어났다. 곁에 있는 버드나무 가지를 꺾어 다리를 감고 다시 달렸으나 낙방했다. 서른두 살이란 늦은 나이에 벼슬살이를 시작했으나 윗사람들에게 바른말을 자주해 늘 미움을 받았다. 42세 때 여진족 정벌에 나섰으나 패전한다. 그의 상관인 병마절도사 이일은 책임을 물어 극형에 처해야 한다고 임금에게 장계를 올리지만 곤장을 맞는 것으로 대신한다. 이듬해 2차 여진정벌에서 큰 공을 세우지만 그때는 이미 직함을 잃고 백의종군한 신분이었다.

어릴 때부터 그가 가진 조건은 좋지 않았다. 기묘사화 때 역적이 된 집안에 태어난 죄로 그는 가난하게 자랐다. 마흔넷이 될 때까지 변변한 공적 하나 내세우지 못할 만큼 이름이 없었다. 그런 그가 전라좌수사가 되었는데 그것은 종5품의 현령에서 정3품이 되는 5단계 승진이었다. 그때 사간원에서 임금에게 반대 상소를 올렸는데 그 이유는 경력이 부족한 사람이 갑자기 큰 벼슬을 한다는 것이었다.

평생 동안 고질적인 위장병과 전염병으로 고통받았던 그는 마흔일곱에 제독이 되었지만 말이 좋아 제독이지 논밭을 갈거나 수산물을 채취해 군자금을 만들어야 했다. 스무 살의 아들을 적의 칼날에 잃었으나 다른 아들들과 함께 다시 전쟁터로 나섰다. 스물세 번 싸워 스물세 번 이겼으나 끊임없는 임금의 오해와 의심으로 공을 뺏긴 채 옥살이를 해야 했다. 세상은 그에게 냉정했고 그는 그런 곳에서 구차하게 살고 싶지 않았다. 적들이 물러가는 마지막 전투에서 그는 죽음을 택하는 심정으로 싸우다가 죽었다.

위에서 소개한 주인공이 바로 성웅 이순신이다. 성웅이란 이름을 빼고 그의 인생을 보면 끊임없는 위기 극복의 삶이었다. 그가 전라좌수사로 연전연승하는 동안 그의 상관이었던 이일은 어떻게 되었을까? 그는 일찍 출세한 사람이었지만 상주와 충주에서 패전하고 황해도와 평안도로 밀려나는 패장이 되었다. 만약 이일도 이순신과 같은 뼈아픈 패배의 경험을 했다면 그렇게 무참하게 실패하지 않았을 것이다.

돈의 경고

중년이 되면서 현실적으로 압박감을 느끼는 사람이 많다. 애들 교육비가 만만치 않기 때문이다. 그래서 돈에 민감해지고 뭐니 뭐니 해도 머니가 최고라는 현실을 실감한다. 그런데 돈이 성공의 요인이 아니라고 말한 사람이 있다.

30세에 캘리포니아 은행의 부행장이 되어 마스터 카드를 개발하고 36세에 『돈의 7가지 법칙』이란 책을 쓴 마이클 필립스는 '돈을 먼저 생각하면 일을 제대로 하지 못한다' 고 하면서 이런 예를 들었다.

"한번은 건물을 구입하려는 한 단체의 두 사람이 나를 찾아와 기부를 요청했다. 나는 그 사람들에게 이렇게 말했다. '건물 구입을 뒤로 미루고 우선 후원자들을 찾으세요. 그리고 그분들에게 헌금을 요청해 보세요. 하지만 당신들이 진정으로 추구하는 바를 잊어서는 안 됩니다. 돈이 아니라 바로 후원자라는 것을.' 그들은 많은 사람들을 찾아다니면서 소액의 헌금을 요청했다. 그리고 그 과정에서 소액의 헌금이 바로 후원의 약속임을 깨닫게 되었다. 지금 그 단체는 나날이 성장하고 있는 중이다. 만일 그 단체가 처음부터 기부를 받았다면 십중팔구 장래를 망쳐버렸을 것이다."

마이클 필립스는 돈이 있어야 일을 한다고 생각하지 말고 어떤 일을 하는 의미에 동참하는 사람을 모아야 한다고 강조한다.

일의 사명이나 가치에 동참하는 마음이 성공을 약속하는 것이지 돈이 성공을 보장하지 않는다는 것이다.

시중에는 온갖 재테크 비결로 부자되기를 바라는 사람들을 유혹하는 책이 넘친다. 그러나 그런 책을 읽고 부자가 된 사람을 나는 본 적이 없다. 돈은 영원한 수수께끼 같은 것이다. 그런데 중년이 되면 뭔가 길이 보이기도 한다. 이때 돈과 사람 사이의 상관관계를 알면 좋다.

혼다 소이치로는 기술에 관한 한 어느 누구에게도 양보하지 못할 자부심이 있었다. 그러나 관리나 재정면에서는 전문가의 도움이 필요했다. 그래서 후지사와를 만나 역할을 분담했다. 그때 혼다 소이치로는 이런 말을 했다.

"금전 관계는 당신에게 맡기겠다. 그러나 무엇을 만드느냐에 대해서는 일체 간섭하지 말아 달라. 나는 기술자니까."

그때 후지사와는 이렇게 말했다.

"돈 문제는 내가 책임지겠다. 다만 분기별로 얼마나 벌겠다는 계획을 당장 세울 수는 없다. 기초가 되는 방향이 정해지면 몇 년 후에 이익이 나올 수도 있으니 무엇을 만들고 싶다든가 하는 것에 관해서는 가장 쉬운 방법을 강구하라. 당신이 사장이니까 당신 말을 따르겠다. 근시안적으로 보지 말고 장기적인 안목에서 추진하자."

마이클 필립스는 사람이 돈을 벌기 시작하면서 오히려 인생에서 실패할 수 있다고 경고한다.

"나의 절친한 친구 멜리사는 일급 화가이고 화랑도 가지고 있다. 그녀는 명석하고 따뜻한 성품으로 많은 사람들의 사랑을 받았으며 지인들과의 사교 모임에서 언제나 주인공이었다. 그런데 화랑 사업에 익숙해지면서 자신이 판매와 영업의 귀재라는 사실에 눈을 떴다. 사업은 계속 번창했다. 근사한 화랑을 운영하는 데 필요한 돈만 벌면 만족하겠다던 그녀의 소박한 희망은 사업을 더 크게 키워보겠다는 열정으로 변했다. 사업은 커졌고 그녀는 많은 돈을 벌었다. 그렇지만 그녀는 완전히 딴 사람이 되었다. 더 이상 그녀 곁에서는 어떤 편안함을 느낄 수가 없다. 친구들은 그녀에게서 떨어져 나갔으며 그녀의 관심은 편협해져버렸다. 마침내 그녀는 고독한 사람이 되었고 직원들에게 강압적인 사람이 되어버렸다."

소주 한 잔 하고 간다

세상의 변화가 상식과 다를 때 중년은 슬퍼진다. 나는 최선을 다해서 사는데 왜 그렇지 않은 사람들이 더 잘 사는가? 이런 의문이 기를 죽인다. 어느 날 나는 혼자서 TV를 보면서 새삼스럽게 상식에 대한 질문을 하게 되었다. 부동산 폭등을 다루는 장면에서 웃기는 것을 보았기 때문이다. 어느 여성이 남편 연봉이

1억이 못 되는데 자기는 3개월 만에 1억을 벌었다고 자랑하고 있었다. 기분이 울적해져서 소주를 꺼내 혼자서 마시고 있는데 전화가 울렸다.

"선배님! 뭐하고 계세요?"

후배인 박종호였다.

"TV 보다 답답해서 혼자 소주 마시고 있다."

"아따! 선배님 같은 도인이 열 받아서 되겠습니까?"

"도인이고 뭐고 다 싫다."

"그건 그렇고 우리도 송년회 한번 합시다."

"그래! 하자!"

"제가 박 선생과 통화해서 날을 잡아보겠습니다."

전화를 끊고 보니 참 답답했다. 이 답답함은 어디서 비롯된 것일까? 두어 달 전에 만났던 진희 씨 말이 생각났다.

'한국인은 이제 한풀이와 증오심에서 벗어날 때가 되었어요.'

진희 씨는 헤어질 때 잡지 한 권을 주었다. 〈극작에서 공연까지〉에는 남편인 연극연출가 정진수 교수의 글이 실려 있었다. 1960년대부터 근 반세기 동안 연극 현장을 열정적으로 누비고 다닌 정진수 교수는 「나의 연극 활동 40년을 회상하며」라는 글에서 이렇게 말했다.

고작 한 사람의 수명이 일세기에도 미치지 못하기 때문에 사람은 누구나 제 생애 동안에 좋은 세상을 보고 싶은 욕심을 떨치지 못한다. 그러나 설사 어렵게 가꾼 이 땅의 연극이 한 세월, 아니 앞으로 몇 세기 동안 침체를 넘어 아예 사라져 없어진다 한들 또 몇 세기가 흘러가면 연극의 황금기가 다시 돌아오지 말라는 법도 없다는 것을 지나간 연극사는 말해준다. 욕심이 사람의 본성이라 할지라도 때로 욕심을 버릴 줄도 알아야 한다고 믿는다.

정진수 교수의 글은 내게 상식을 깨닫게 하는 또 하나의 계기가 되었다. 상식이라? 그것은 나만 옳다고 믿었던 욕심과 허구를 비우는 것 아닌가! 나는 내가 채우는 소주 잔만큼 마음비우기를 연습하고 있었다.

송년회 날 종로의 피맛골에서 건배를 끝내마자 박종호가 말문을 열었다.

"선배님은 책을 10권이나 썼으면 되었지 또 무슨 원고를 쓰십니까?"

"잃어버린 상식 찾기라고 할까? 새로운 변신에 관한 글이지."

"어떻게 변신하자는 것이지요?"

"남을 따라 살지 말고 자기 스타일을 살려야 해! 그러자면 타고난 본성을 찾아야겠지."

그때 박 선생이 끼어들면서 완충 역할을 했다.

"서박사는 '무조건 하면 된다'를 반성하고 '미래를 설계하어 최선을 다하자'는 글을 쓰겠다는 거예요."

박종호는 그 얘기를 듣고 고개를 끄덕이며 이런 말을 했다.

"우리는 그동안 살기 바빠서 미래 설계나 상식을 생각할 여유가 없었죠."

그때 박두마가 말했다.

"상식은 두 가지 사이에 있어요. 잘사는 것과 사람답게 사는 것 사이지요."

나는 그 말을 듣자 귀가 번쩍 뜨였다.

"사이가 상식이라? 그 얘기를 좀 해주세요"

박두마는 자신 할아버지의 사돈 얘기를 했다. 그 양반은 시골 부자였는데 아들 중에 한 명이 좌익 활동을 하여 체포된 적이 있다고 한다. 당시 시국이 어수선했고 부정부패가 만연했기 때문에 쌀 두가마니만 뇌물로 쓰면 아들을 살릴 수 있다는 권유를 받았는데 글쎄 그 어르신은 그 제안을 거절하여 아들을 죽게 했다는 것이다. 그러면서 그는 쌀 두 가마니의 중요성과 자식 목숨을 비교해 사람답게 사는 것을 놓친 게 아니냐는 말을 했다. 상식은 결국 조화다. 그런데 말로는 조화가 중요하다고 하면서 그것을 이루기가 쉽지 않다. 조화의 어려움! 그에 대해 박두마는 이런 말을 했다.

"조화의 문제는 우리 집에도 있더라구요. 제 어머님은 친정이 공주인데 그곳에서 자전거를 탄 최초의 여성이었고 패션디자인을 공부해 양장을 만드는 유일한 여성이었대요. 그런 분이 충주의 남자와 결혼하여 집에서 옷을 만들어 살림에 보태면서 자식들 모두를 대학공부 시켰지요. 나는 어머님이 충주 시내에서 양장점을 차리고 싶어하신 것을 알고 있었어요. 장년이 되어 그때 일을 아버님에게 물었더니 아버님께서 하시는 말씀이 '여성이 활동을 할 경우 남자를 우습게보기 때문에 만류하셨다' 는 거예요."

"사람답게 잘살 수 있는 길을 놓친 얘기 같네요. 그러고 보니 옛날에는 상식적으로 산 사람들이 오히려 드문 것 같습니다."

"상식은 고정관념과 이웃사촌이에요. 어머님이 시골에 살면서 쌀 서 말을 가지고 서울로 왔는데 차비를 아끼느라고 버스를 타는 바람에 인대가 늘어져 10년 이상 고생했지요. 그때 택시비를 썼다면 10년 고생이 없었을 거예요. 그래서 상식은 상황에 맞춰 생각을 바꿀 수 있는 능력이라고 봐요."

상식은 교감의 확산이다. 시대 변화를 내다보고 미리 준비하는 상식도 필요하다. 그럴 경우 많은 비용과 시행착오를 줄이면서 조화를 이룰 수 있다.

절호의 기회

중년은 승부의 칼날 위에 서있는 세대지만 그 승부가 내 마음대로 되는 것이 아니라는 것을 깨닫는 나이이기도 하다. 그래서 중년은 인생의 승부를 길게 보고 사람을 재산으로 삼는 여유를 길러야 한다. 그런 여유 속에서 상식이 통하는 세상을 만드는 것도 중년의 몫이다. 그래서 중년은 자기 몸값에 대한 가치를 주변 사람과 세상의 상식 속에서 평가받는 전환의 시대이기도 하다.

중년은 그동안의 경험을 바탕으로 세상 변화에 대한 안목이 생기는 때이므로 미래를 대응하는 새로운 사업을 벌일 수 있는 절호의 기회를 맞는 시대이기도 하다. 그래서 중년은 자신의 현재가치 못지않게 미래가치를 알아야 하는 나이이기도 하다.

중년의 위기라고 하지만 뚜렷한 징후를 모르고 지나갈 수도 있다. 그러나 자신도 모르게 뭔가 새로운 것 또는 무언가 나에게 어울리는 것에 대한 호기심이 작동된다면 그것 역시 위기의 한 징후다. 위기란 말 속에는 기회도 있기 때문이다. 기회 발견은 마음속에서 '바로 이거다!'라는 만남을 경험하는 것이다. 그것은 밖에서 본 새로운 것을 내 안에 있는 능력과 소통하는 짝짓기다.

시니어커뮤니케이션 대표이며 『시니어 비즈니스』란 책을 번역한 이완정 사장은 자신이 처한 일상 경험과 과거 경력을 트렌드 변화와 접목시켜 새로운 사업에 뛰어든다.

"나는 조사와 마케팅 업무를 십여 년간 했다. 그러던 중 유학을 가게 된 남편을 따라 일본에서 8년간 직장생활을 하면서 통역을 했고 귀국하여 전문 통역사가 되었다. 나는 2박 3일 일정으로 건축 인테리어 전시회의 통역을 맡아 도쿄로 출장을 가면서 새로운 경험을 했다. 출장 채비를 하면서 도쿄의 날씨를 알아보기 위해 TV를 켜고 NHK 뉴스를 보았을 때 〈국제 복지 기기전〉에 관한 내용을 보게 된 것이다.

'흠, 이런 걸 다 하네. 규모가 큰 걸!'

당시 나는 그 몇 분이 내 인생을 결정짓는 중요한 순간이었다는 것을 전혀 알아차리지 못했다. 〈국제 복지 기기전〉을 둘러본 나는 깜짝 놀랐다. 고령자를 위한 선진화된 각종 상품들, 전시 규모와 입장객 수 그리고 무엇보다도 수많은 이삼십 대 젊은 방문객들을 보고 머리를 한 대 얻어맞은 기분이었다.

한국의 노인 복지 산업은 어떠한가? 나는 전시장을 샅샅이 둘러보면서 한국과 일본을 비교했다. 한국은 복지 분야의 미미한 움직임만 있을 뿐 고령자 시장에 대한 의식도 거의 없고 기업들도 사업 진출을 주저하고 있지 않은가!

나는 파킨슨 병으로 고생하시던 시아버님과 간병하느라 지쳐계신 시어머님을 떠올리며 '이런 산업이 발달한다면 수발하는 사람은 물론 고령자 자신도 쾌적한 생활을 할 수 있을 텐데'라는 안타까움을 느꼈다. 그러고 보니 시아버님께 필요한 물건들이 눈에 띄기 시작했고 나도 모르게 이것저것 사게 되었다. 간병이 필요한 사람들을 위한 신발, 속옷, 젓가락, 숟가락, 식사용 앞치마, 복대, 휴대용 변기 등 일상생활에 꼭 필요한 용품들이었다. 고령자를 대상으로 한 시니어 비즈니스는 특정 산업의

영역이 아니다. 모든 산업 분야가 시니어 비즈니스화 해야 미래
에 대비할 수 있다. 그런 생각을 한 나는 이튿날부터 통역 중간
중간 일부러 시간을 내어 복지 기기전의 각종 자료를 모으고 전
시장을 샅샅이 둘러보았다. 그리고 돌아오는 날 마음속으로 시
니어 산업을 ‘평생의 일’로 삼기로 결정했다.”

2장
작전. 변경을. 위한. 자기. 점검.

호빙 이펙트

토머스 호빙은 프린스턴 대학의 낙제생이었다. 그는 학교에서 쫓겨나기 전에 마지막으로 조각 수업을 듣기로 했다. 첫 시간에 교수가 조각물을 들고 와서 어떤 예술적 가치가 있느냐고 물었다. 미술과 학생들은 상상력을 동원하여 대답했다. 자유를 상징하는 새라고 말하는 사람도 있었고, 조화를 의미한다고 대답하는 학생도 있었다. 호빙의 차례가 왔을 때 그는 솔직하게 생각나는 대로 말했다.

"너무 매끈해서 예술품이라기보다 기계 같습니다. 무슨 용도가 있어 보입니다."

교수가 학생들에게 보여준 물건은 산부인과에서 사용하는

기계 중의 하나였다. 그런데 미술과 학생들은 기계를 보고 예술품으로 표현하려고 했던 것이다. 받은 느낌 그대로 솔직하게 표현한 대답으로 인정받게 된 토머스 호빙은 이 일을 계기로 미술로 전공을 바꾸어 열심히 공부를 했고 나중에 예술감정사로 성공했다.

누구나 자신의 능력을 제대로 알지 못한다. 그러다가 우연한 기회에 다른 분야에서 인정을 받는 경우도 있다. 호빙처럼 좌절한 사람이 우연히 인정을 받게 되는 경우를 교육심리학에서는 호빙 이펙트Hoving Effect라고 한다. 호빙의 사례에서 보듯이 변신은 언제 어떻게 그 계기를 맞는지 알기 힘들다. 호신술 강사가 된 어느 여성의 고백을 들어보자.

"어느 날 무슨 일로 심부름을 갔었지요. 그런데 그곳에 호신술 도장이 있더라구요. 그냥 호기심으로 한번 들여다봤는데 나도 모르게 피가 돌더라구요. 그 순간 '바로 이거다!' 라는 필이 꽂히는 거예요. 호신술을 보고 반한 거지요. 신기해요. 학교 다닐 때 체육을 싫어했던 내가 호신술을 보고 첫눈에 끌렸다는 것이."

필이 꽂힌다? 과연 그것이 가능할까? 사람은 누구나 자신도 모르는 기억이 있기 때문에 과거에 유사한 경험이 없는데도 친숙한 느낌이 들 수 있다고 한다. 그래서 하루아침에 사람이 바뀌는 것도 따지고 보면 숨겨진 기억의 부활이라고 말하는 사람도 있다.

프랑스에서 법률사무소 직원으로 일하던 청년이 있었다. 그는 몸이 약해 잔병치레를 자주했다. 어느 날 그는 지독한 독감에 걸려 입원 생활을 해야 했다. 병원에서 무료함을 달랠 방법을 찾던 중 어머니가 생일선물로 준 그림물감에 손을 대 보았다. 평생 처음으로 붓장난을 한 것이다. 그런데? 갑자기 어두운 동굴에서 빛을 보는 기분이 들었다. 마침내 그는 퇴원 후 미술학교를 다녔고 나중에는 아예 화가가 되었다. 그가 바로 피카소와 같은 시기에 활동을 했던 마티스다.

강에서 배운다

사람은 누구나 우주와 교감하고 싶은 마음이 있다. 그래서 그런 마음을 열고 싶을 때는 큰 산이나 바위를 보면서 내면의 대화를 한다. '언제 저에게 때가 올까요?' 묻기도 하고 '저에게 힘을 주소서'라고 기원도 한다. 이런 말을 들으며 우상숭배라고 일언지하로 거절하지 말기 바란다. 기독교 국가인 미국에도 큰 산, 큰 바위에 네 명의 대통령 조각이 새겨져 있지 않은가.

『아직도 가야할 길』이란 책으로 명성을 얻은 스캇 펙이란 정신과 의사가 있다. 그는 아내 릴리와 함께 친척의 결혼식에 참석하기 위해 영국으로 가는 김에 휴가 여행을 한다. 처음에는 그냥 호수 지방을 둘러보려고 했는데 여행지에서 그만 돌에 푹 빠져버린 것이다. 풍요와 이성의 세계를 떠나 선사시대의 선돌과 고인돌을 찾아 나서면서 스캇 펙은 아득한 먼 과거의 영혼을 듣는다. 그는 21일간의 돌 여행을 『거석을 찾아서 내 영혼을 찾아서』라는 책으로 펴냈다.

스캇 펙은 그 책에서 21개의 주제를 다루고 있다. 그것들은 이성, 로맨스, 중독, 성스러움, 변화, 종교, 나이, 부모 되기, 돈, 죽음, 순례, 감사, 평화, 모험, 배려, 공간, 시간, 예술, 하나됨, 절망, 맺음 등이다. 나는 그 21개의 주제 가운데 19번째인 하나됨에 대해 깊은 인상을 받았다.

그는 고인돌을 보면서 "하늘과 땅이 만나는 공간, 그것은 신이 현현하는 순간이었다. 그리고 그 당시에는 미처 깨닫지 못했으나 우리는 그것에 완전히 빠져들었다"고 고백했다.

사람은 누구나 위대하고 싶은 본능이 있다. 그런 본능은 대자연이나 신비와 하나 되려는 유혹을 불러 일으킨다. 그는 영국 전역에 흩어져 있는 돌들을 보면서 그가 알고 있는 철학, 종교, 신화, 과학 등 온갖 지식을 동원한다. 잘난 척 하기 위해서일까? 아니다. 그것은 그가 모든 지식을 동원해도 대답을 하지 않는 돌에 대한 신비와 유혹 때문이다.

스캇 펙은 죽음은 늘 우리 곁에 있다고 하면서 깨달음을 얻을 때 인생은 하나의 순례라고 했다. 나는 인생행로에서 앞길이 막막할 때 어린 시절의 추억을 떠올리며 삶과 죽음과 희망을 생각한다.

어린 시절 나는 한강변 동네인 흑석동에서 살았다. 그때의 한강은 진한 물감을 풀은 놓은 것처럼 푸른 강이었다. 어느 봄날 빨래하러 가는 어머님을 따라 강변에 갔는데 어느 아저씨가 모터보트를 태워 준 적이 있다. 그 바람에 강 중심까지 한 바퀴 돌아볼 수 있었는데 무섭기도 하고 신나기도 했다.

깊고 푸른 물의 무서움! 그때 나는 알 수 없는 푸르름의 깊이 속에 죽음이 있을 거란 생각이 선뜻 들었다. 그때 떠올린 죽음은 긴 머리의 귀신처럼 물속에서 살고 있는 풀 같은 거였다.

강물의 푸르름은 한강변 큰 바위들에 쓰어 있는 붉은 글씨들과 대조를 이루면서 선명하게 나의 뇌리에 박혀 있다. 초등학교에 들어가기 2년 전이었다. 그때 나는 이제 막 글을 배웠기 때문에 더듬거리며 글을 읽을 수 있었다. 한강변 바위에 붉은 색깔의 페인트로 쓰인 글씨들은 무엇일까?

자 · 살 · 금 · 지
5 · 분 · 만 · 생 · 각 · 하 · 십 · 시 · 오

내가 태어나 최초로 알게 된 교과서 밖의 글은 죽음과 관계된 것이었다. 그러나 한강은 신나고 웅장한 그림도 보여주었다. 어릴 때 한강은 나의 우주였다. 홍수 때 한강을 보면 굉장했기 때문이다. 수많은 코끼리 떼가 달리듯이 쏴쏴, 꾸렁꾸렁 소리가 났던 한강은 대단한 구경거리였다.

한번은 강원도 삼척에 사시는 막내 외삼촌이 외할머님과 함

께 우리 집에 왔는데 나이가 어려 촌수가 뭔지 모르고 서로 싸우기도 했다. 외삼촌이 바다가 크다고 자랑을 하자 나는 이렇게 우겼다.

"바다가 크다 한들 한강만 하리?"

고등학생 때 외가에 갔더니 막내 삼촌이 바닷가에서 이런 말씀을 했다.

"자! 보아라! 한강과 바다 중에 어느 것이 큰지?"

초등학교 4학년 때 나는 천 리나 떨어진 경상도 진주로 전학을 가게 되었다. 거기서 나는 남강을 보고 놀라지 않을 수 없었다. '세상에 이렇게 부드러운 강도 있구나!' 남강을 보기 전까지 세상의 모든 강은 한강처럼 남성적이라고 여겼는데 남강은 예닐곱 살 먹은 가시내의 속삭임처럼 수줍게 흐르고 있었다.

남강에는 찬란한 전설의 바위가 있었는데 그것이 바로 의암이었다. 옛날에는 그 바위가 위험하다고 해서 '위암'이라고 했는데 논개가 왜장을 껴안고 강물에 빠지면서 양귀비꽃보다 더 붉은 정절을 상징하는 의암이 된 것이다. 진주 아이들은 의암과 논개를 자랑했는데 한번은 이런 일이 있었다.

"니 논개가 우찌 죽었는지 아나?"

나는 모른다고 말하려다가 약간 애교를 떨듯 진주 사투리로 '모린다'고 말했다.

"그것도 모리나? 바보 아이가! 논개가 왜놈 장수 껴안고 죽은 것은 알제?"

“안다.”

“그런데 왜 힘센 왜놈 장수가 남강에 빠졌다가 물 위로 못 올라 왔는지 아나?”

이번에는 또 모른다고 말하기가 어색해서 약간 코맹맹이 소리로 ‘모린다’고 했다.

“그기 우찌 된 것인가 카몬…… 논개가 열 손가락에 반지를 끼고 껴안았기 때문에 왜놈 장수가 풀 수 없어서 그리 된 것 아이가!”

과연 그랬을까? 그러나 얘기를 들려주는 아이가 하도 심각한 표정으로 흥이 나서 말했기 때문에 그냥 믿기로 했다. 한강과 남강이 서로 다르지만 지금의 나에게 두 강은 같다. 한강의 자살바위나 남강의 의암은 ‘죽음’을 생각하게 한다는 점에서 공통점이 있다.

1990년 노벨 문학상은 멕시코 시인인 옥타비오 파스에게 돌아갔다. 그는 외교관으로 인도에서 지내면서 우파니샤드 철학에 영감을 받아 「태양의 돌」이란 긴 시를 썼다. 돌에는 죽음을 두려워하는 마음과 영원을 구원하는 마음이 함께 있다. 사람들은 돌을 보며 과거를 반성하고 미래를 전망하는 영원함을 상상할 수 있다. 죽음을 떠올리는 것은 살아야 하는 이유와 희망에 굶주렸기 때문이다.

그동안 나는 확실히 알지도 못하면서 아는 것이 있다고 교만

을 편 적도 많았고 다른 사람들과 교감을 공유하는 데 인색했었
다. 그런데 옥타비오 파스의 시를 통해 따지고 구분하는 지식보
다 위대한 하나됨을 떠올릴 수 있었다.

삶이란 항상 어떤 남의 것

항상 저 멀리

아주 멀리 너를 떠나서

나를 떠나서

항상 지평선처럼 펼쳐지는 것

우리에게 또 다른 인생을 찾아주면서

우리를 남들이 되도록 만드는……

우리에게 하나의 얼굴을 만들어 주고

또 그것을 낡아가게 만들고 닳아지게 하는 것들

뭔가 되고 싶은 갈증.

오! 우리 모두의 양식이여.

추억의 힘

과거는 없어지지 않는다. 그래서 과거는 정리 대상이지 청산 대
상이 아니다. 과거가 힘이 될 때도 있다. 무력함을 깨달을 때 영
적으로 성숙한다고 하지만 나는 '차라리 영적으로 성숙하지 않

더라도 유능함을 즐기며 사는 것이 더 낫지 않을까?' 라는 유혹을 떨치지 못하고 있다. 아직도 인간의 자유의지에 많은 미련이 있는 나는 이따금 액자로 만들어 걸어둔 343이란 백넘버가 적힌 천조각을 들여다보면서 과거를 추억한다.

'그때는 찬란한 청춘이었지!'

대학 시절 흙바람이 불면 핏빛처럼 진한 철쭉이 폈다. 그때쯤 마라톤 대회가 열렸는데 나는 등에 붙였던 백넘버를 참가 기념으로 지금도 간직하고 있다. 붉은 매직으로 쓴 343이란 숫자가 옆에 반환점을 돌 때 찍어준 검은 도장이 아직도 선명하다. 그때 학생회에서 반환점 확인 도장으로 왜 학교 우체국 도장을 썼는지 알 수 없지만 동대문 우체국이란 둥근 도장 자국은 볼 때마다 나를 웃긴다.

뛴다! 거기에는 아무 이유가 없었다. 굳이 이유를 댄다면 '고달프고 답답한 세상! 죽기 아니면 까무러치기다' 라는 심정으로 뛰었다. 땅! 하고 출발을 알리는 총소리가 나면 너 나 할 것 없이 아스팔트 위를 달렸다. 미아리 대지극장이 보일 때쯤부터 숨이 가빠오기 시작하는데 머릿속으로 온갖 상념이 떠오른다.

헉! 헉!

(학교 다니기가 왜 이렇게 힘들지?)

헉! 헉!

(고향의 어머님은 잘 계시는지……)

헉! 헉!

(나는 왜 미친놈처럼 뛰고 있지?)

헉! 헉!

(나도 미팅도 좀 하고 재미있게 살 수 없나?)

헉! 헉!

(팔자 좋게 미팅은 무슨 미팅?)

헉! 헉!

(앞에 뛰는 저 놈은 X나게 잘 뛰네……)

아무리 기억하고 싶지 않은 과거라도 흔적은 남아 있다. 그런데 흔적이라는 것도 세월이 지나면 묘한 둔갑을 한다. 하나님은 시간으로 사람들을 길들인다. 그래서 시간이 흐르면 추억도 아름답게 재배열된다.

나는 백넘버 343 말고 나만이 가진 보물이 하나 더 있다. 그것은 바로 호랑이 울음소리다. 대학 1학년 때 한의원에서 아르바이트를 할 때였다. 그 한의원은 창경원과 인접한 원남동에 있었는데 어느 날 밤 천장이 내려앉는 소리에 놀라 잠을 깬 적이 있었다. 호랑이 울음소리였다.

'세상에! 서울 하늘 아래에서 호랑이 울음소리를 듣다니?'

지금은 창경궁이지만 그때는 창경원이라고 불렀다. 창경원 동물원에 갇힌 호랑이가 한 달에 한두 번 내는 울음을 내가 들었던 것이다. 동화책에 나오는 호랑이 울음소리는 언제나 '어흥!' 이었다. 그러나 실제로 내가 들어본 호랑이 울음소리는 그렇지 않았다. 호랑이는 울기 전에 으르렁 하는 예비 소리를 내다가 갑자기 '꽈-앙!' 하는 포효를 뿜어낸다. 그래서 호랑이 울음소리는 '어흥'이 아니라 천둥소리처럼 '으르렁 꽈-앙!'이라고 표현하는 것이 더 정확하다.

그 당시의 나는 스스로를 갇힌 사람이라고 생각했다. 그런데 호랑이 울음소리를 듣고 나서 생각을 바꾸었다. 중요한 것은 어떤 꿈과 의지를 갖고 있느냐는 점이다. 그때 들었던 호랑이 울음소리는 글을 쓰는 시간에도 들리기도 했다.

고양이가 광야를 걷는다고 호랑이가 되느냐! 호랑이는 아무리 갇혀 있어도 고양이가 되지 않는다. 그러니 너도 고양이를 부러워하지 말고 너의 꿈과 의지를 굳게 하라!

성공, 그 이후

'누구나 아버지가 된다. 그러나 아버지가 되기 위해 준비를 하는 사람은 아무도 없다.'

아버지가 된다는 것은 무엇일까? 아이에게 기억의 유전자를 물려주고 새로운 미래의 꿈을 가꾸도록 도와주는 일이 부모 노릇이 아닌가 싶다. 아이에게 아비가 꼭 필요한 시기가 있다. 그런데 묘하게도 그 시기는 아버지가 직장에서 한창 일을 할 때와 겹친다.

노사대립으로 정신없이 지내던 어느 날 무슨 서류를 떼기 위해 동사무소를 가야 했기에 일찍 퇴근한 적이 있었다. 일을 끝내고 아파트로 가는 길목의 코너를 도는 순간 둘째 아들이 놀이터에서 놀고 있는 것을 보았다.

짠! 시선이 마주쳤다. 아들도 놀다 말고 놀란 눈으로 제자리에 우뚝 서서 나를 보았다. '저 녀석이 어떻게 할까?' 그런 의문이 드는 가운데 나도 녀석과 눈을 마주치면서 코너를 돌고 있었다. 그때 놀다 말고 뭐하느냐는 투로 함께 놀던 친구가 손목을 끌자 아이가 이런 말을 했다.

"저거 우리 아빠다! 우리 아빠 안경 썼다!"

가슴속에서 무언가 와르르 무너지는 소리가 들렸다. 드라마에서 흔히 보듯이 '아빠!' 하면서 달려와 안기기를 바라지는 않았다. 그러나 '아빠! 왜 이렇게 일찍 와?' 이런 말 정도는 할 줄 알았다. 그러나 그런 기대마저 무참하게 무너졌다.

처음에는 자식들이 인사를 할 줄 모르는 이유가 가정교육 때문이라고 여겼다. 그러나 알고 보니 그게 아니었다. 인사도 해 보아야 할 줄 아는 법인데 자식들은 나에게 인사를 할 기회마저 없었다. 애들이 자고 있을 때 내가 출퇴근을 했기 때문이다. 그때 나는 내가 잘못 살고 있다는 걸 깨달았다. 나는 변신해야 했다. 물건이 아니라 사람으로 돌아가는 것이었다.

둘째는 태어나면서 얼굴이 넓었다. 그래서 나는 녀석에 넙떡이란 별명을 지어 주었다. 넙떡이는 자라면서 적응이 느려 아내를 상심시키기도 했다.

"여보! 둘째만 생각하면 세상 사는 재미가 없어요."

그때 아내에게 이런 대답을 했다.

"여보! 넙떡이가 얼마나 미남이고 마음이 착해. 우리에게 그런 아이가 있으니 부부가 그래도 이런 대화라도 하지 않소. 무슨 문제라도 주는 아이가 없어 걱정하는 사람들이 세상에 얼마나 많아. 착한 아이니까 감사한 마음으로 참고 기다리면서 키웁시다."

그런 말을 하자 아내는 갑자기 토라지면서 쏘아붙였다.

"당신은 자식 일은 무슨 성인군자처럼 좋게 보고 왜 나한테는 그렇게 못해요."

아내의 말을 듣고 보니 나는 집안에서 무엇 하나 제대로 평가받지 못하는 형편없는 사람이었다. 어떻게 무슨 방법이 없을까? 그런 고민 끝에 나는 '회사를 그만 두어야겠다' 는 생각에 도달했다.

'나이 마흔에 회사를 그만두다니?'

그것은 누가 들어도 말이 되지 않는 얘기였다. 나 역시 그런 결정을 내릴 수 없었다. 도대체 무슨 수로 회사를 그만둔단 말인가? 직장 없이 산다는 것을 한 번도 생각하지 못했던 내가 회사를 그만둘 생각을 하다니. 게다가 지금의 회사는 내가 만든 회사가 아닌가? 가정을 포기하다시피 열정을 바쳐서 만든 회사가 이제 막 아장아장 걷기 시작했는데 버릴 수 있단 말인가?

그런데 회사가 나의 운명이고 생명이라고 생각할수록 이상하게 내가 작아지는 느낌이 들었다. 누군지 모르지만 마음속 깊은 곳에서 이런 속삭임이 들리기도 했다.

'네가 만든 회사라도 버릴 수 있어야 해! 너의 능력은 회사 하나로 결정되지 않아! 너는 더 큰 세상으로 가야 해!'

도대체 내가 무슨 대단한 능력이 있다고 회사까지 그만두고 마흔이란 나이에 거친 들판을 헤맨단 말인가! 회사를 그만둔다고 생각하니 처음에는 무서웠다. 먹고 살 앞날이 막막했기 때문이다. 그런데 더 큰 세상이란 단어가 떠오르자 그것이 도대체 무슨 의미가 있는지 답답해서 미칠 것 같았다. 그때 옛 추억이 떠올랐다.

중학생 때였다. 그즈음 우리들이 즐겨하는 말 가운데 '굵고 짧게 살자'가 있었다. 그때 친구 중에 한 명이 "그래도 마흔 살까지는 살아야 하지 않을까?" 하자 다른 친구가 면박을 주었다. "야! 구질구질하게 마흔 까지 어떻게 사냐? 그 안에 자살하는 것이 낫지!"

마흔 살에 죽는다? 막상 그 나이가 되어 이런 일들을 떠올리니 앞이 캄캄했다. 그때는 일자리가 많지 않아서 어른들 가운데 일 없이 빈둥거리는 사람들이 많았다. 동네 마당의 평상에서 늘 화투만 치고 술에 찌들어 살던 어른들! 그들의 나이는 대개 40대였다.

중학생에게 마흔이란 숫자는 대단히 크고 고리타분한 것이었다. 그런데 정작 내가 마흔 살이 되니 그 시절 어른들보다 크게 달라진 것이 없었다. 술에 찌들어 살고 있지는 않았지만 어릴 때 꿈꾼 것처럼 신나게 살고 있지는 않았다.

계속 이렇게 살 것인가?

그 순간 돈이니 출세니 하는 것들보다 더 중요한 무엇이 세상에 있을 것 같았다. 그렇다면 내가 해보고 싶었지만 하지 못했던 것은 무엇일까? 나는 세 가지 희망이 떠올랐다.

아이들과 여행을 하면서 대화를 나누는 것, 박사공부를 하는 것, 작가가 되는 것.

마침내 나는 회사를 그만두고 프리랜서가 되었다.

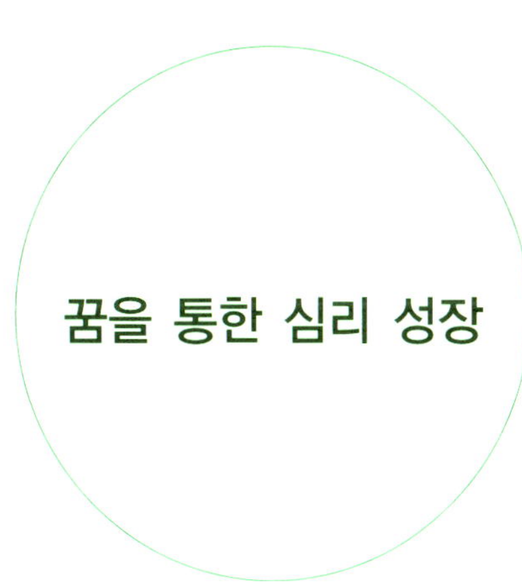

꿈을 통한 심리 성장

창조력

기가 통한다는 것은 세상과 편안한 관계를 유지한다는 뜻이다. 일상에서 심기가 불편하다고 말할 때가 있는데 그 말은 세상이나 다른 사람과 편안한 관계를 유지하지 못한다는 뜻이다.

심기가 편안하려면 세상이나 다른 사람을 받아들일 수 있는 심리 성장을 해야 한다. 그런데 심리 성장은 하루아침에 이루어지지 않는다. 어쩌면 평생이 걸려도 되지 않는 경우도 많다. 그럼에도 불구하고 중년을 넘기면서 그 성장의 물꼬를 틀 필요가 있다. 이때 꼭 알아야 할 것이 있는데 심리 성장은 통합과 성숙의 창조 과정이라는 점이다. 통합과 성숙은 꿈과 연관된다.

어릴 때의 꿈이나 추억이 평생을 지배하는 경우도 있다. 그래서 추억의 힘은 위대하다. 꿈과 추억의 힘이 큰 도움이 되었던 대표적 인물로 이순신을 들 수 있다. 어느 날 이순신은 나랏일로 고심하던 중 꿈에서 거북선의 단서를 얻는다. 그 꿈은 이런 것이었다.

"나는 병사들에게 먹일 식량을 찾아 바다로 나갔다. 무척이나 먼 곳까지 노를 저었지만 아무것도 찾을 수가 없었다. 갑자기 거대한 거북이 바다에서 솟아올랐다. 나는 식용으로 쓸 요량으로 거북을 잡기 위해 화살과 무기를 총동원했다. 그러나 도무지 내 손으로는 거북을 잡을 수가 없었다. 게다가 그 거북의 입에서는 불이 뿜어져 나왔다. 참으로 무시무시한 광경이었다."

꿈을 꾸고 나서 이순신은 거북 모양으로 생긴 특수한 전함을 만들어야겠다고 생각한다. 그런데 전해지는 말로는 이미 어린 시절 그에게 거북선의 모델을 암시하게 해준 사람이 있다고도 한다. 그 내용은 다음과 같다.

이순신이 열두 살 무렵에 친구들과 돌을 모아놓고 진법 연습을 하고 있었다. 지나가던 송구봉이 그걸 보고 있다가 집에 다녀가라고 했다. 이순신이 밤에 송구봉의 집에 갔는데, 그는 방에 누워 있으면서 아무 말도 하지 않았다. 그러던 차에 이순신은 송구봉의 방에서 구선도를 보고 집에 왔다. 송구봉이 말없이 가르쳐 준 것이다.

세월이 한참 흐른 어느 날, 이순신은 여수 수사로 와서 거북선을 만들었는데 여덟 개의 구멍 중 한 개의 용도를 몰라 송구

봉에게 다시 가서 여쭤워 보았다. 그랬더니 그 구멍은 사청목已
聽目으로 바깥의 말을 듣기 위한 것이라고 했다. 구봉龜峰이란
호의 거북 구龜자가 이순신의 거북선과도 어떤 연관이 있었을
것이다.

　이순신이 쓴 『난중일기』를 보면 그가 많은 고민을 했고 그럴
때마다 꿈에서 계시를 얻는 장면이 여러 번 나온다. 사천해전이
발발하기 이틀 전에는 꿈속에서 신령님 같은 노인이 나타나
"일어나라! 왜적이 나타났다"고 소리치기도 했고 꿈을 통해 노
모의 죽음을 미리 알기도 했다고 한다.
　명량대첩 직전에 꾼 꿈에서는 신인神人이 나타나 전술을 계
시한다. 그는 꿈을 통해 예지한 대로 실전에 임해 대승을 거둔
다. 이순신은 당시의 상황을 『난중일기』에 이렇게 적고 있다.

〔 9월 13일 〕 매우 이상한 꿈을 꾸었다. 임진년 승전했던 한산대
첩 때 꾸었던 꿈과 흡사하였다. 이는 무슨 징조일까?

〔 9월 15일 〕 꿈에 신령스런 분이 나타나서 이렇게 진을 치고 저
렇게 군사를 배치하면 크게 이길 수 있으나 달리 하면 질 것이
라고 가르쳐 주셨다.

〔 9월 16일 〕 곧바로 명령을 내려 적장 마다시를 토막토막 잘랐

더니 적의 기세가 크게 꺾였다. 적선 31척을 깨뜨리자 적선은 도망하고 다시는 우리 수군에 가까이 오지 못하였다. 이번 일은 참으로 하늘이 도우셨다.

꿈의 상징

꿈속에 많은 비밀이 있고 그 비밀의 열쇠를 풀면 마음도 성장한다는 말에 의심을 품는 사람도 있다. 그러나 꿈은 모든 것을 알고 있다.

꿈은 아무런 의미가 없는 흩어진 조각 그림들 같다. 그런데 유사한 내용의 꿈을 계속하여 꾸거나 아주 기억에 남는 꿈을 꿀 경우 사람들은 그 꿈의 의미에 대해 궁금하게 여긴다. 꿈이 예사롭지 않다는 사실을 느끼는 것이다.

꿈과 마음은 자연의 일부다. 자연이 무한한 것처럼 꿈도 무한하다. 현실적으로 이루지 못한 소망이라도 꿈의 세계에서는 가능하다. 그래서 꿈은 억압된 본능을 충족시키는 상징이 된다. 그렇듯이 사람은 상징을 만들어 내는 능력을 자연으로부터 부여받았다. 사람은 꿈이란 상징을 통해 저마다의 개별적인 개성을 찾는다.

사람들이 각자의 개성을 찾아가는 과정을 보면 서로 다른 성을 갈구하는 모습이 보인다. 남자가 개성화된다는 것은 마음속

에 숨겨진 여성 이미지를 찾아가는 것이고 여자가 개성화된다
는 것은 마음속에 숨겨진 남성 이미지를 찾아가는 것이다.

옛날이야기에는 전형적인 패턴이 있다. 용감한 남자가 괴물
을 물리치고 공주를 구한다는 식이다. 이 이야기 속에는 남자가
겪어야 할 시련과 추구해야 할 영광이 압축되어 있다. 그래서
현대 영화를 보면 괴물 대신에 열차사고가 생기고 공주 대신에
미녀가 등장한다.

여자가 마음속에 남성 이미지를 받아들이는 과정은 '미녀와
야수' 이야기와 같다. 착한 마음씨를 가진 막내딸은 아버지에
게 하얀 장미 한 송이 만을 선물로 요구하지만 그 장미는 마법
에 걸린 것으로 야수의 노어움을 산다. 미녀는 아버지 대신에
야수에게 잡혀가 불안한 동거를 한다.

아버지를 구하기 위해 야수로부터 허락을 받고 돌아온 미녀
는 약속 기간을 지키지 못한다. 마침내 야수가 죽어가는 꿈을
꾼 미녀는 그를 살리기 위해 돌아온다. 야수는 미녀가 돌아왔다
는 사실 하나만으로 행복하게 죽을 수 있다고 하자 미녀는 자신
이 야수 없이 살수 없을 만큼 사랑에 빠져 있음을 깨닫고 그의
아내가 될 것을 약속한다. 그 순간 찬란한 빛과 음악 가운데 마
법이 풀리고 야수는 본래 모습인 왕자로 돌아온다.

야수의 얘기는 여성에게 무슨 의미가 있을까? 일방적으로
보호를 받기만 하던 여자가 남자들과 관계를 맺는 적극적인 과
정으로 가는 길에 필요한 힘과 용기와 진실이란 상징을 야수를

통해 경험하는 것이다.

미래로 향한 길

꿈이 미래와 통한다는 사례는 셀 수 없이 많다. 여기서 나는 김영실이 쓴 『민들레 홀씨는 오늘도 날고 싶다』는 책을 먼저 소개하고 싶다. 나는 안양대학에서 한구석밝히기 연구소장을 맡고 있는 친구 강교수로부터 이 책을 소개받았다. 한구석밝히기에 대해 내가 궁금해하자 그는 이런 얘기를 들려주었다.

지금부터 2400년 전 중국의 춘추전국시대였다. 위나라 왕이 자기 나라에 큰 보석이 10개나 있는데 그것들이 내뿜는 빛이 12대의 수레가 어둠을 달릴 수 있을 정도라고 자랑한다. 그 말을 들은 제나라 왕은 자기 나라에는 그런 보석은 없으나 나라의 각 구석을 밝히는 4명의 신하가 있다고 말한다. 그들이 다스리면서부터 먼 나라의 사신들이 조공을 바치러 오고 길에 떨어진 물건을 주워가는 사람이 없을 정도로 치안이 잘 되고 있다고 얘기한다. 그러자 보석 자랑을 했던 위나라 왕이 슬그머니 자리를 피했다고 한다. 사마천은 이 얘기를 『사기』에 실었다.

한구석밝히기는 인재를 나라의 보물로 키우겠다는 교육이념이라는 뜻이었다. 한구석밝히기 정신으로 인재를 기른다? 나는 그런 의문을 갖고 강교수가 준 책을 읽었다.

일제시대 때 강화도에 한 소년이 있었다. 배재중학에 합격하여 등록금만 대어주면 혼자서 학교를 마치겠다고 하여 중학생이 되고, 겨우 중학교를 졸업하게 된 그는 교장인 아펜젤러에게 일본으로 갈 여비를 조달해 달라는 부탁을 한다. 그 도움으로 일본에 가서 아오야마 대학을 나온다. 해방 후 숙명여고에서 교사가 된 그는 6 · 25전쟁이 일어나자 공군 장교가 된다. 그때 산양을 한 마리 사서 키우기 시작했는데 그것이 훗날 안양대학을 인수하는 기적으로 성장한다.

왜 산양을 키웠을까? 그는 35세 때 대구 피난지에서 공군 중위로 근무했는데 네 식구 먹고살기가 어려울 정도였다. 군인이 그 정도였으니 일반인은 말할 수 없는 고초를 겪어야 했다. 그런데 그 시절 헬싱키 올림픽 인솔자로부터 덴마크에서는 돼지들도 우유를 먹여 키운다는 말을 듣고 충격을 받는다. '어떻게 하면 이 땅에서 가난을 몰아낼 수 있을까?'

국토의 70% 이상이 산인 나라니까 산양을 키우면 좋겠다고 생각한 그는 공군 중위 봉급의 4배가 넘는 돈을 들여 산양 한 마리를 산다. 두 달치 봉급과 영문 타자기를 판 돈을 합쳐도 모자라 나머지는 외상으로 산 것이다. 그렇게 시작한 양치기가 나중에 젖소농장으로 발전하고 농장의 땅이 서울시로 편입되면서 그 땅에 학교를 세워 교육사업을 하게 된 것이다.

나는 책을 읽으면서 배재중학 3학년일 때 김영실이 꾸었던 꿈이 이미 그의 미래를 예고하고 있었음을 알았는데 그 꿈은 이런 거였다.

"어느 날 나는 낯선 저택 앞에 혼자 서 있었다. 이탈리아 수상인 무솔리니의 저택이라고 했다. 근처를 배회하다 철조망이 뚫린 구멍이 있어 안으로 들어가니 무솔리니가 '아니, 김영실 군 아니오?' 하면서 반겼다. 그는 내 손을 잡고 저택 안으로 안내했다. 검정치마와 흰저고리를 입은 수많은 한국 여성들이 도열한 긴 복도를 지나 응접실이 나왔고 만찬이 준비되어 있었다. 진수성판을 맛보고 후원으로 따라가니 마침 사격대회가 열리고 있었다. 무솔리니는 자기 아들이 사용하는 권총을 골라 주며 출전을 해보라고 권했다. 과녁은 하늘 높이 까맣게 떠 있는 풍선기구였다. 너무 높아 주먹 크기로 보이는 것을 겨냥하여 방아쇠를 당기니 명중이었다. 풍선은 갈기갈기 찢어져 멀리 흩어지고 수많은 관중들이 박수갈채를 보냈다."

꿈을 꿀 당시 소년 김영실은 목사가 되려고 신학대학에 진학할 꿈을 꾸었으나 잘 되지 않아 실망하던 참이었다. 그때 그의 마음은 위대한 사람의 구원을 바라는 마음의 수신장치가 작동되고 있었는데 무솔리니는 힘과 용기와 진취성을 상징하는 구원자였다.

그가 저택을 정문이 아닌 구멍으로 들어간다는 것은 원래 가고자 하는 목사의 길과 다른 방향의 길을 간다는 것이고 검정치마 흰저고리 차림의 한국 여성의 도열을 본 것은 여학교를 운영

한다는 상징이다. 실제로 그가 최초로 공인받은 학교는 문일여중이었다. 긴 복도를 따라간다는 것은 교육사업을 계속한다는 것이고 사격대회에 안내받는 것은 대학 인수 경쟁에 낀다는 것이다. 먼 하늘의 풍선을 쏜다는 것은 시대와 떨어진 과거를 되살린다는 의미인데 하늘 한구석은 한구석밝히기를 상징한다. 권총은 에너지를 분출하는 열정을 상징한다. 남이 쓰던 권총을 빌린다는 것은 남의 열정을 배운다는 것이다.

상징은 시대에 따라 해석이 달라지기도 한다. 그래서 같은 이야기라도 다양하게 의미를 받아들일 수 있다. 한구석밝히기는 세계 강국인 지금의 일본을 만든 교육 정신이었다. 일본인들은 한구석밝히기를 무슨 일이든 맡은 일에 최선을 다해 최고의 성과를 거두는 노력으로 받아들였다. 그런데 그런 가르침은 일본에 귀화한 백제 사람 최징이 전해준 것이라고 한다. 사마천이 기록한 이야기가 백제인 최징을 통해 일본의 교육이념이 되고, 그 사실을 가토 겐조라는 일본인이 친구인 김영실에게 알려주면서 대학의 교육이념이 된 것이다. 무슨 일을 하든 최선을 다하는 인재를 기른다는 뜻이었다. 꿈속에서 김영실이 풍선을 명중시켜 멀리 흩어진다는 것은 민들레 홀씨처럼 한구석밝히기 정신이 세계로 퍼진다는 뜻이다.

‘그럴듯한 꿈이 없으면 위대한 사람이 못 되나요?’

꿈을 강조하다 보면 그런 질문을 받을 때도 있다. 나는 그때마다 ‘누가 당신의 꿈이 그럴듯하지 못하다고 말할 수 있나요?’ 라고 대답한다. 사람은 누구나 위대한 꿈을 꾼다. 다만 그 꿈과 공명할 수 있는 마음의 준비에서 차이가 날 뿐이다. 꿈이 미리 미래를 계시하더라도 그것을 외면하거나 잘 알지 못하고 평생을 보낼 수도 있다. 김영실도 중학생 때의 꿈이 신기하다고 하면서 기록으로 남겼지만 남으로부터 해몽을 듣지 못했다. 꿈이 말하는 상징을 안다는 것은 쉬운 일이 아니기 때문이다.

민들레 리더십

세상의 인연은 시대와 공간을 초월한다. 중국의 고사가 2400년이 지나 현대의 교육 정신이 되기도 한다. 알고 보면 세상은 신기한 일로 가득 차 있다. 어릴 때 안양에서 살았던 나는 작은 코카콜라 병에 담긴 양젖을 먹은 적이 있다. 그때 그것을 마시면서 무슨 귀족이나 된 기분을 느꼈는데 그 양젖이 김영실 목장에서 나왔다는 것을 40여 년 만에 알았으니 감회가 남달랐다. 더 신기한 것은 내가 김영실을 모델로 한 리더십 프로그램 개발에 아이디어 제공자가 된 것이다.

좋은 리더십 프로그램은 정신과 행동이 잘 어우러진 것이다. 그런 프로그램은 깨달음을 곧바로 행동으로 펼치게 하는 장점이 있다. 노사카 레이코란 일본 여성이 있는데 그녀는 학벌은 짧지만 인간관계로 성공한 사람이다. 서른여섯에 일방적으로 이혼을 당한 그녀는 자신을 비극의 주인공으로 여기면서 매사를 부정적으로 생각했었다. 세일즈를 해서 생계를 이으려고 하던 중 이시카와라는 사람으로부터 정신이 버쩍 드는 말을 듣는다. '인생에서 도피처는 없으니 남을 손가락질 하지 말고, 피하지 말고 소용돌이 속으로 들어가라' 는 것이었다.

그녀에게 강한 충고를 던진 이시카와는 사람은 이토엔이란 단체에서 활동하는 사람이었다. 이토엔이란 하나의 등불을 밝히는 정원이란 뜻으로 한구석밝히기와 비슷한 것이다. 나는 리더십 프로그램에 대한 말을 들으면서 '이토엔과 같은 역할을 하려는 것이 아닌가?' 라는 의문이 들었다.

노사카 레이코는 생계 때문에 세일즈를 하긴 했지만 물건 하나 제대로 팔지 못하던 사람이었다. 그런데 그녀는 강의를 듣고 다른 사람에게 손가락질을 할 때 한 개의 손가락이 남을 향하지만 3개의 손가락이 자기를 겨냥한다는 것을 깨닫고 목표보다 3배는 노력해야 한다는 결심을 한다. 3배의 노력을 하면 하늘도 인정하리라고 생각하면서. 그러고 나서 3개월 뒤에 한 개의 상품을 팔 수 있었다. 그만두더라도 한 개라도 팔고서 그만두겠다던 그녀가 드디어 자신감을 얻어 그 후 8개월을 더 노력했고 그 다음 달에는 판매왕이 되었다. 나중에 그녀는 웃음교실을 설립해 성공에 대한 강의를 20년째 하는 전문 상담가가 되었다.

무슨 특징을 살려 어떤 사람에게 전파하는 프로그램을 개발할 것인가? 나는 강교수로부터 아이디어를 달라는 말을 듣고 그런 의문부터 풀어야 했다. 리더십 프로그램을 개발한다는 것은 다른 사람들에게 비전을 주는 것과 같다. 그러자면 시대에 맞는 구성이 필요하다.

우리 시대의 바람직한 리더십은 무엇일까? 나는 대학생들에게 강의를 하면서 한국인의 성공 조건에 관해 조사를 한 적이 있다. 그 결과 한국에서는 독한 사람이 성공한다는 결과를 얻었다. 정직이니 성실이니 하는 말보다 먼저 먹는 놈이 땡이란 말처럼 집요한 사람이 성공한다고 본 것이다. 그 조사를 할 때가 1997년이었는데 2000년대를 넘기면서 성공에 대한 구상이 세계화되고 개성을 살리는 쪽으로 바뀌고 있음을 알 수 있다. 요즘 젊은이를 만나보면 성공에 대한 그림이 뚜렷한 경우를 보기도 한다. 누가 뭐래도 자신이 좋아하는 것을 찾아 꾸준히 노력하는 자세가 보기 좋을 때도 있는 것이다.

사람들은 리더라고 하면 앞장서는 사람을 연상한다. 왜 그런 사람이 필요하냐고 물으면 성공하기 위해서라고 말한다. 그런데 김영실이 생각하는 리더십은 달랐다.

우선 리더는 앞장서는 것이 아니라 앞장을 설 능력이 있더라도 함께 가는 사람이라는 것이다. 정확하게 말하면 모두가 함께 앞으로 향하도록 주변 사람들을 껴안고 가는 것이다. 그래서 그는 한 사람이 백 걸음을 걷는 것보다 백 사람이 한 걸음을 걷는 것이 낫다고 했다.

한때 우리의 성공 비결은 물불을 가리지 않고 전진하는 것이었다. 그런데 김영실은 저마다의 잠재력을 살려 최선을 다하는 것이 중요하다고 했다. 따라서 그가 강조한 리더십은 현대인으로 하여금 자기경영을 하는 데 좋은 길잡이가 될 수 있다.

리더는 무엇이 다른가? 『기업이 원하는 변화의 리더』란 책을 쓴 존 코터는 공원에서 점심을 먹다가 비가 곧 쏟아질 것 같은 상황에서 3종류의 리더가 있다고 했다. 첫 번째 그룹에서는 누군가 '날 따라와요' 한다. 두 번째 그룹에서는 누군가 사과나무 아래로 걸어가는 계획에 대해 자세하게 설명한다. 세 번째 그룹에서는 누군가 사과나무 아래에서 점심을 먹자고 하면서 비가 그칠 때까지 후식으로 사과를 먹자고 한다.

나는 김영실이 존 코터가 소개한 세 번째 그룹의 리더처럼 다른 사람들을 설득하여 최선을 만드는 리더십을 강조하고 있음을 알았다. 김영실은 한구석밝히기란 말을 들으면서 '아하! 바로 이거다!' 하면서 무릎을 쳤다고 한다. 왜 김영실은 한구석밝히기에 감동했을까?

자신이 무슨 정신으로 사는지 아는 사람은 드물다. 비록 자신이 최선을 다하면서 살더라도 그 삶에 깃든 정신을 모르는 경우가 많기 때문이다. 김영실은 30대 초반 양 한 마리를 키우면서 민족의 가난을 구제하겠다는 생각을 했다. 그때 그는 누군가 현실을 타개하는 데 앞장서야 한다는 생각뿐이었다. 그런 그가 교사를 시작으로 교육에 몸을 담은 지 50여 년이 지나 한구석 밝히기란 말을 들었을 때 자신의 열정이 바로 한구석밝히기 정신이었음을 알게 된 것이다.

한구석밝히기는 김영실에 이르러 4단계의 의미발전을 한다. 사마천이 소개한 1단계 한구석밝히기는 맡은 바 책임을 다하는 것이었다. 그런데 일본인은 그 정신을 적극적으로 받아들여 최선을 다하는 지표로 삼았다(2단계).

김영실이 자신의 삶을 돌아보고 교육의 이념을 한구석밝히기로 삼았을 때는 아무리 환경이 어렵더라도 도전해야 한다는 초월적 의미를 담았다(3단계). 그때 그는 마음속으로 일본을 이길 수 있다는 도전 정신을 키웠다. 그리고 그 정신을 실천하여 10여년이 지났을 때 한구석밝히기를 어느 구석에서나 꽃을 피우는 민들레 정신이란 초자연적 의미로 승화시킨 것이다.

사람들은 위대함에 대해 너무 거창한 생각을 갖고 있다. 예수님이나 부처님만 위대하다고 보는 것이다. 그러나 진정한 위대함은 가까운 곳에 있다.

예수님의 사랑을 세계로 퍼뜨린 사람은 바울이란 제자였고 부처님의 자비를 중국에 퍼뜨린 사람은 달마스님이었다. 바울이나 달마도 예수님이나 부처님 못지않게 위대하다. 그렇듯이 지금 내가 하는 일도 어떤 의미로 보느냐에 따라 얼마든지 위대해 질 수 있다.

나는 친구따라 강남간다는 속담처럼 리더십 프로그램 개발에 끼어들었지만 그런 가운데 인생 목표가 분명해졌다. 그동안 나는 위대함에 대해 분명한 관점이 없었다. 나는 리더십 프로그

램을 개발하면서 위대한 사람들의 전도사가 되기로 했다. 장미
만 꽃이 아니다. 민들레처럼 삶을 사랑하는 것도 아름다운 인생
이다.

꿈꾸는 냉장고

내가 프리랜서가 되려고 했을 때 무슨 꿈이 작용한 것은 아니다. 그렇지만 아무런 꿈이 없었다고 말할 수도 없다. 프리랜서를 꿈꿀 때 아이들과의 대화나 박사 공부는 노력하면 될 것 같았다. 그런데 작가가 된다는 것은 도저히 실감할 수 없었다. 처음 작가가 떠올랐을 때 '에이! 무슨 작가?' 하면서 피하려고 했다. 그런데 강 건너에 있는 흐릿한 등불처럼 보이던 작가가 빚을 독촉하는 사람처럼 조금씩 나를 압박했다.

작가가 되라는 유혹은 젖 달라고 보채는 아이의 칭얼거림처럼, 끈적끈적한 껌처럼, 구질구질한 장마처럼, 시도 때도 없이 찾아오는 빚쟁이처럼, 아련한 현기증 같은 것이었다.

그동안 나는 회사나 고객을 주인공으로 한 수많은 보고서를 썼었다. 시장조사 보고서나 소비자 분석 보고서 등과 같은 글을 쓰면서 정작 나를 주인공으로 표현하는 말들을 잃어버렸다. 그러다 보니 누군가가 글 쓰는 욕망을 부추겼던 것 같았다. 과거의 추억이 내게 무언가를 속삭이고 있었다.

내가 최초로 작가를 꿈꾼 때는 언제였을까? 중학생이 되었을 때였다. 미술반에 들고 싶다고 했더니 어머니가 갑자기 천둥 같은 고함을 치셨다.

"화가가 되면 굶어 죽는다는 말도 못 들었느냐?"

이상했다. 어린 시절 내가 그림을 잘 그린다고 동네 사람들에게 자랑하셨던 분이 갑자기 왜 변하셨을까? 한참 고개를 갸우뚱하며 고민을 하던 중 마침내 그 답을 알게 되었다. 살림이 형편없이 기울었기 때문이다. 어머니는 먹고살기도 힘든 판국에 미술반 활동을 하면 학비 외에 들여야 할 그림물감 등의 비용이 버거우셨던 것이다.

'그렇구나! 나는 가난해졌구나……'

그리고 싶었던 그림을 마음껏 그릴 수 없게 된 나는 시동이 꺼진 자동차처럼 겉만 멀쑥했지 속으로는 고장이 나 있었다. 그래서 하루하루를 재미없이 지내게 되었는데 우리 집 살림이 빈궁한 것을 알아차린 담임 선생님이 학교 도서위원으로 뽑아주셨다.

도서위원이라고 해서 특별히 힘든 것은 아니었다. 남들보다 먼저 학교에 가서 도서관 청소를 하고 오후에 남아 책 정리를 할 뿐이었다. 대신에 학비를 감면받았다. 그때 내가 다니던 중학교에는 누구나 마음껏 뽑아 볼 수 있는 책이 7000여 권이나 되었다.

'세상에! 이렇게 많은 책이 있다니!'

도서위원이 되면서 나는 화가가 될 수 없는 아픔을 달랠 수 있었다. 책을 읽으면서 떠오르는 장면들을 머릿속으로 그릴 수 있었기 때문이다. 게다가 무슨 책을 읽든지 책만 보고 있으면 어느 누구도 나무라지 않았다.

그때 내가 즐겨 읽었던 책들은 수기류였다. 소설은 사랑 타령이 실감이 나지 않았는데 수기는 그렇지 않았다. 게다가 그 시절에는 '절망은 없다'라는 제목의 수기가 시리즈로 나오기도 했다. 그렇게 수기에 빠져들면서 이런 의문이 들었다.

'도대체 어떤 사람들이 이렇게 재미있게 글을 썼을까?'

그런 의문으로 글 쓴 사람을 소개한 이력을 보니 상당수가 ○○대학 중퇴라고 적혀 있었다. 마침내 글을 잘 쓰는 비결을 찾은 것 같았다.

'그렇구나! 대학에 가서 중퇴만 하면 이렇게 재미있는 글을 쓸 수 있구나!'

작가가 되고 싶다는 꿈을 꾸기 시작하면서 나는 처음으로 대학을 떠올렸다. 대학을 졸업한다는 것은 아무 의미가 없었다. 목적은 중퇴였다. 게다가 중퇴라는 두 글자는 졸이라는 한 글자

보다 더 멋있어 보였다.

에이! 중학생 때 처음 떠올린 생각으로 어떻게 작가가 된단 말인가? 그런 생각을 하면서 머릿속의 생각을 지우고 싶었는데 어디선가 '직장을 그만두고 작가 연습을 해보렴!' 하는 소리가 들렸다. 그러나 작가의 길은 아주 어려워 보였다. 차라리 냉장고를 타고 달나라로 가는 것이 쉬워 보였다. 그렇다면 나는 꿈꾸는 냉장고란 말인가?

그때로 돌아간다면

시간 여유가 생기자 갑자기 어린 시절이 자주 떠올랐다. 등산을 하다가 산마루에서 바람을 쐬면 바람결을 타고 옛 추억이 떠오르기도 했다. 직장생활을 할 때 나는 추억이 없는 사람처럼 오직 미래만 보았다. 그래서였을까? 그동안 떠올리지 못한 추억들이 물꼬가 터진 것처럼 밀려올 때도 있었다. 처음에는 머리가 혼란했던 적도 있었다. 그러나 가만히 생각해보니 추억은 무슨 신호를 보내는 속삭임이었다. 마침내 나는 추억이 떠오를 때 '당신이 찾아오신 뜻은 무엇인가요?' 라고 묻게 되었다.

사람들은 아는 것을 큰 재산으로 삼는다. 그러나 가만히 따져보면 알아서 성공하는 사람보다 느껴서 성공하는 사람이 많다. 아는 것 중에 상당수는 이미 과거의 것이다. 누군가 시행착

오를 했거나 잘못 판단했던 것을 지식이란 이름으로 정리했을 뿐이다. 그러나 사람의 일상에서 지식이 판단 기준이 되는 경우는 그리 많지 않다. 인생에서 중요한 결정인 결혼만 하더라도 지식보다 감정으로 하는 경우가 훨씬 많다.

추억은 그때 그 시절의 감정을 재현시키면서 나로 하여금 감정의 지도를 새롭게 그리기를 요구했다. 그것은 옛 감정과 현재의 감정을 새롭게 재배열하는 것이었다. 사람은 어떻게 감정을 재배열시킬까? 그것을 알려면 마음속 깊은 곳에 비밀단지가 있음을 알아야 한다. 주의할 것은 이 비밀단지는 사람이 마음대로 뚜껑을 열고 닫으면서 관리할 수 있는 것이 아니라는 것이다. 그렇다고 해서 그 단지를 무시하거나 소홀히 여기면 안 된다. 내가 어떻게 할 수 없지만 그래도 내가 사랑하고 간수해야 할 보물단지! 그것이 바로 추억이다.

보물단지 속에는 반드시 보물만 있는 것은 아니다. 그 속에는 어릴 때 충분히 먹지 못했던 엄마 젖에 대한 아쉬움도 있고 월사금을 내지 못해 담임 선생님으로부터 받았던 모욕도 있고 아버지에 대한 원망도 숨어 있다. 좌우간 내가 잊어버린 모든 감정들이 비밀단지 속에 있다.

비밀단지 또는 보물단지 속의 추억은 화살처럼 저장되어 있다. 일상에서 솔직하게 고백하지 못했던 소망이나 염원 또는 아쉬움과 같은 많은 말들도 화살이 되어 허공으로 날아가 어느새 비밀단지 속에 저장되는 것이다. 이때 그런 것들이 단지 속에 들어가 숙성되면서 코드라는 유식한 이름이 된다. 그래서 추억은 마음속에 숨어 있는 코드라고 할 수 있다.

코드에는 서로를 끌어당기는 것도 있고 서로를 배척하거나 무시하는 것도 있다. 그렇다고 해서 추억이 코드가 될 때 어떤 고정된 코드로 바뀌는 것은 아니다. 비밀단지는 작대기 화살처럼 들어온 기억을 숙성시켜 보석으로 만든다. 고생한 사람들이 지난날의 아픔과 원망을 찬란한 무지개처럼 그리는 경우가 있는데 그런 변화를 만드는 힘이 바로 비밀단지의 숙성력이다.

마흔이 되면 꽤 많은 추억들이 숙성되어 있다. 이제 그것들을 조금씩 정리하면서 재배열시킬 필요가 있다. 그러면서 풀지 못했던 감정들을 정리해야 한다. 그래야만 몸과 마음이 가벼워지면서 새로운 출발을 할 수 있다.

풀지 못했던 감정을 어떻게 정리할 것인가? 그 방법은 여러 가지가 있다. 우선 의미 분석법의 예를 들어보자. 사랑하는 부인을 잃은 사람이 있었다. 그는 하루하루 사는 것에서 아무런 희망이나 보람을 느끼지 못해 마침내 상담가를 찾아 고민을 털어 놓았다. 아내 사랑에 관한 얘기를 들은 상담가는 그에게 이런 질문을 했다. "만약 아내가 살고 당신이 죽었더라면 당신의 아내는 삶의 희망과 보람을 찾지 못하고 당신처럼 슬픔에 빠져 방황하고 있을까요?" 이런 질문에 그는 '그럴 것이다'라고 했다. 그러자 상담가는 다시 한 번 이런 질문을 했다. "그렇게 아내가 당신을 그리워하면서 잊지 못하는 것을 당신이 하늘나라에서 지켜본다면 무슨 생각이 들까요?” 그런 질문을 하자 그 사람은 갑자기 정신을 차린 사람처럼 아! 하는 탄식과 함께 미소를 찾으면서 상담소를 걸어 나갔다고 한다.

그는 자신이 죽은 아내가 원하지 않는 인생을 살고 있다고 깨닫는 순간 새로운 삶을 찾아야겠다고 생각한 것이다.

의미 분석과 달리 6~8명 정도 집단으로 모여서 하는 감수성 훈련법이 있다. 감수성 훈련법은 자신을 솔직하게 드러내는 것이다. 그 과정 중에 ‘그때 그 순간으로 돌아간다면’이라는 것이 있다. ‘내가 만약 그때 그 순간으로 돌아간다면?’ 누구나 그런 아쉬움과 안타까움의 시간이 있다.

한 젊은이가 있었다. ‘그는 그때 그 순간으로 돌아갈 수 있다면’이라는 과정에서 전화를 거는 장면을 연출했다. 상대방은 어머니였다. 보고 싶은데 휴가를 나올 수 없느냐는 전화였다. 그러자 그는 어머니가 군대 사정을 어떻게 아느냐고 하면서 마구 짜증을 냈다. 그런 일이 있고 나서 마침내 기다리던 휴가를 가게 된 날이었다. 그런데 상관이 갑자기 여자 친구 만날 일이 생겼다고 하면서 휴가를 바꾸자고 하는 바람에 어쩔 수 없이 따라야 했다. 그런데 일이 공교롭게 되느라고 그날 어머니가 교통사고로 돌아가셨다. ‘아! 그때 내가 휴가만 갈 수 있었다면 어머니는 집에서 요리를 하시며 나를 기다렸을 텐데……’

그 젊은이는 그 과정을 연출하면서 눈물을 흘렸다. 그런 사건을 겪고 나서 그는 장교의 길을 포기하고 사회에 나왔으나 직장을 잡지 못하고 방황하고 있었다. 그런 그가 감수성 훈련을 통해 자신의 묵은 감정을 씻어낼 수 있었다. 그는 돌아가신 어머니로부터 휴가를 바꾼 상관을 용서하라는 말을 들었고 그렇게 무거운 마음을 내려놓자 직장을 잡을 수 있었고 새로운 인생을 살게 되었다.

열정의 씨앗

어릴 때 추억이 평생의 빛이 되기도 한다. 어린 시절에 들었던 단순함의 교훈으로 성공한 기업가가 있다. 일본에 있는 메이난 제작소의 하세가와 사장이다. 그는 중학교를 중퇴하고 철공소 직원으로 일했다. 당시 철공소 직원들은 일이 끝나기가 무섭게 술과 노름에 빠졌다. 그는 그런 모습을 개탄하면서 퇴근시간 후에도 일을 하는 바람에 선배들에게 따돌림을 당했지만 일찍이 새로운 가치를 선택했고, 덕분에 20대 초반에 자기 사업을 할 수 있었다.

　메이난 제작소의 하세가와 사장은 어린 시절 가난하게 지냈다. 친구들은 스물네 가지 크레용을 가지고 있었지만 자신은 일곱 색깔의 크레용밖에 없었다. 다른 아이들과 같은 크레용을 사 달라고 조르면 하세가와의 어머니는 이렇게 말했다.

　“애야! 색깔이라는 것은 3원색을 섞어서 만든 거야. 그러니

세 가지 크레용만 있으면 수백 가지 색을 만들 수 있단다.”

하세가와 사장은 경영을 하다가 어려운 일이 생기면 3원색을 떠올린다. 그런 발상은 복잡한 세상일을 단순하게 풀게 해준다고 한다. 하세가와의 어머니는 가난했지만 〈소년구락부〉라는 어린이 잡지만큼은 매달 새것을 사주었다. 그것이 소년 하세가와의 꿈을 키워주는 온상이 되었다. 그렇게 자란 하세가와 사장은 회사에서 직원들이 무슨 책을 사더라도 그 비용을 대준다. 물론 만화책이라도 상관없다고 한다. 그만큼 지식과 호기심을 소중하게 여기는 것이다.

미국의 셀렘이란 도시에 철도 기관사를 남편으로 둔 그레이스란 주부가 있었다. 그녀는 친정 식구들이 오래 살지 않았기 때문에 자신도 일찍 죽을 것이란 예상을 하면서 살았다. 그러다 보니 사랑하는 아들에게 더 많은 것을 일찍 가르쳐 주고 싶었다. 그래서 어릴 때부터 카드를 가르쳤고 친척들이 놀러왔을 때 함께 게임을 즐기기도 했다. 우리식으로 말하면 일곱 살 꼬마와 함께 고스톱을 친 셈이다.

그레이스 여사는 기관사인 남편을 마중하기 위해 셀렘역으로 자주 갔었다. 그때만 해도 기차가 연착하는 일이 많아서 차 안에서 많은 시간을 기다려야 했다. 그러나 그레이스 여사는 그 시간도 즐겁게 보냈다. 왜냐하면 사랑하는 아들과 차안에서 여러 가지 얘기를 나누었기 때문이다. 그 아들이 한때 말을 더듬는 버릇이 있었다. 그때 그레이스 여사는 아들에게 이런 말을 해주었다.

"애야! 너는 참 머리가 좋은 아이란다. 머리의 속도가 말하는 속도보다 빨리 돌아가는구나."

그레이스 여사가 키운 아들은 누구인가? 그 아들은 세계 최고의 경영자라는 칭호를 얻은 잭 웰치다. 잭 웰치는 나중에 자신의 성공을 어머니의 공으로 돌렸다. 예순을 넘긴 나이에도 어머니 얘기만 나오면 눈물을 글썽일 정도다. 그레이스 여사가 자식을 성공시킨 비결은 바로 교감력이었다. 그 교감력이 아이가 인생을 살아가는 데 소중한 스토리 파워가 된다.

잭 웰치는 어릴 때부터 교감의 세계 속에서 살았기 때문에 젊은 시절의 좌절도 이길 수 있었다. 그는 고등학생 때 공부를 잘해 명문 사립대에 갈 자격을 얻었으나 추천장을 얻을 수 없어서 주립대학에 가야 했다. 그의 부모는 자신들이 유력 인사의 추천장을 얻어주지 못해 마음이 아팠으나 잭 웰치는 그런 미련을 날려버리고 더 열심히 공부를 했다.

GE의 회장이 되고 나서 잭 웰치가 가장 심혈을 기울인 것은 인재 양성이었다. 그는 연수원을 리더십센터로 바꾸고 최고가 되기 위한 혁신을 했다. 그런 과정에 그는 새로운 스토리가 있어야 진정한 변화가 가능함을 보여주었다. 그러면서 그는 직원들에게 네 가지 E로 요약할 수 있는 열정의 꽃잎을 소개했다.

첫째, 내 삶을 끌고 가겠다는 에너지 Energy

둘째, 다른 사람을 격려하는 에너자이즈 Energize

셋째, 급소를 포착하는 결정 능력인 에지 Edge

넷째, 실천을 하는 엑스큐트 Execute

노자와의 만남

살다 보면 간혹 책 한 권으로 인생을 바꾸었다는 말을 들을 때가 있다. 그럴 때 나는 속으로 '설마?' 했었다. 그런데 내가 마흔이 되면서 책 한 권으로 인생을 바꿀 줄 어이 알았겠는가? 새로운 조사 회사를 만들어 경영하면서 정신없이 바쁘게 살던 어느 날이었다. 전화 벨소리를 듣고 이름을 말하자마자 속사포처럼 꾸짖는 소리가 날아왔다.

"이렇게 나이 많은 사람이 먼저 전화를 해야 해요?"

누가 무슨 용무로 전화를 했다는 과정을 생략한 채 목소리의 주인공은 결론도 일방적으로 내렸다.

"이번에 영어 세미나 코스가 개설되었는데 같이 들읍시다."

세상 인연 중에는 말로 설명할 수 없는 것이 있는데 나에게 전화를 건 사람이 그랬다. 어느 날 불쑥 연극을 보자거나 식사를 같이 하자고 할 때 한 번도 거절하지 못했다. '네! 그러지요!' 하면서 따라나섰고 '물론! 그래야지요!' 하면서 만났다.

그녀는 어느 대학에서 영어 회화를 같이 공부했던 클래스메이트였는데 나이로 치면 누님뻘 되는 진희 씨였다. 첫눈에 고집 꽤나 센 사람으로 보였는데 신기하게도 진희 씨 역시 나를 그렇게 느꼈다고 했다. 그렇게 해서 일 년에 서너 번 안부를 주고받는 친구가 되었는데 그때 그녀는 영어 세미나 과정을 같이 듣자고 나를 끈 것이다.

첫 시간이었다. 외국인 강사가 소개를 하는데 자기는 동양사상에 관심이 많아 일본에서 승려 생활도 했다고 했다. 그래서 나는 그에게 동양사상과 서양사상이 어떻게 다르냐고 물어보았다. 그러자 그는 칠판에 빗금과 포물선을 그린 다음 빗금을 가리키며 서양사상은 직선이라 했고 포물선을 가리키며 동양사상은 순환과 같다고 했다. 그러면서 생글거리는 눈동자로 나를 보았는데 그 눈빛이 이런 말을 하고 있었다.

'너는 아직도 그런 차이조차 몰랐느냐?'

그 순간 감전된 사람처럼 저릿저릿해지면서 정신이 아득해졌다. 갑자기 파도가 치는 절벽 위에서 내가 당황하고 있었고 어디선가 까마귀 소리가 '까-욱! 까-욱!' 들렸다. 벌건 대낮에 눈을 뜨고도 꿈을 꾼 것이었다. 잠시 후 정신을 차린 나는 그

가 공부했던 책을 빌려달라고 했다. 두 번째 수업시간에 그는
『창조성과 도道』라는 책을 가져왔다. 그것은 노자의『도덕경』
을 영어로 해설하고 중국의 시와 그림을 소개한 책이었다.

외국인 강사 윌슨이 빌려준 책을 보니 노자는 변신의 귀재였
다. 그는 심술꾸러기 노인처럼 보였다가 어느 순간 장난꾸러기
아이로 변했다. 내가 최고로 여겼던 것을 우습게보기도 했고 대
수롭지 않은 것을 중요하다고 하는 역설의 천재이기도 했다. 그
중에서 리더에 관한 말은 평소 상식을 뒤흔들었다.

리더는 아랫사람이 두려워하는 사람이 아닐 뿐만 아니라 우러러
보는 사람도 아니다. 최상의 리더는 아랫사람 자신이 잘해서 일
이 잘 돌아간다고 느끼게 하므로 리더가 있는지조차 모르게 하
는 사람이다.

그 말을 보면서 나야말로 아랫사람이 두려워하는 최하의 리
더임을 알고 부끄러운 나머지 문득 회사를 그만두고 싶다는 생
각이 들었다. 어느새 내 마음은 '도대체 도가 뭔지 본격적으로
한번 공부해 볼까?' 라는 쪽으로 기울고 있었다.

그 무렵 도덕경을 읽다가 막히면 산을 찾았다. 눈으로 쌓인
겨울 산을 헤매던 어느 날이었다. 산속의 겨울은 적막한 기운이
수정처럼 맑았다. 이렇게 투명한 고요가 세상 어디에 있을까?
그렇게 감탄하는 순간 갑자기 등골이 찢어질 듯이 우지지-직

하는 굉음이 골짜기를 흔들었다.

'이게 무슨 소리지?'

그런 의문으로 사방을 돌아보니 오랫동안 쌓인 눈의 무게를 지탱하지 못한 큰 소나무 가지가 부러지는 소리였다. 그 순간 눈 덩이가 가루가 되어 흩어지고 있었다.

허공으로 날리는 눈가루
어떤 것들은 바람을 타고 하늘로 가고
어떤 것들은 먼지처럼 땅으로 떨어지는데
언제 저것들이 하나가 되어
무서운 힘이 되었단 말인가

그때 나는 부드러운 것이 강한 것을 이긴다는 노자의 말을 받아들이며 지난날의 교만을 용서받고 싶었다. '그래! 나는 그 동안 진정한 힘이 무엇인지 모르고 살았어.' 그런 생각이 들면서 원래 가벼웠던 내 영혼이 눈처럼 쌓여 나를 짓눌렀으니 이제 나도 가벼운 눈가루로 돌아가고 싶었다.

기 통하기

프리랜서가 되고 난 뒤 나는 아이들과 함께 많은 곳을 다녔다.

그 시작은 해남의 땅끝마을을 가는 것이었다. 그곳을 구경하고 올라오는 길에 대전 엑스포를 관람했다. 그렇게 시작한 부자의 여행은 그 후로도 계속되었다. 울릉도도 함께 갔고 백령도도 함께 갔고 태백산을 비롯해 여러 산들도 함께 갔다. 그런 가운데 나는 자식들과 대화를 할 수 있었다.

둘째 넙떡이는 자랄 때 남의 손에 키웠다. 그러다 보니 의사 표현이 분명하지 못하고 다른 사람과 눈을 잘 마주치지도 않았다. 약간의 자폐증 증세가 있었다. 나는 프리랜서가 되면서 평소 자기표현을 거의 하지 않는 넙떡이와 대화를 시도했다.

네발 자전거를 두발 자전거로 만들어 타게 하던 첫날, 뒤를 잡아 주다가 손을 놓았다. 그 순간 녀석은 놀랐다. 얼굴이 빨개지면서 무서움과 신기함과 신나는 기분에 어쩔 줄 몰라 했다. 그렇게 아파트를 몇 바퀴 돌쯤 귀가하던 친구의 형이 외쳤다.

"야! 두발 자전거 탈 줄 아는구나!"

그때 녀석이 지었던 자랑스러운 표정의 아름다움은 지금도 생생하다. 그 일을 계기로 나는 녀석과 조금씩 친해졌다. 용기를 얻은 나는 집에서 녀석과 눈이 마주칠 때마다 뽀뽀를 해주었다. 그리고 끊임없이 칭찬을 했다. 그러자 녀석이 조금씩 의사 표현을 하기 시작했다.

"아빠! 우리가 북부 지방 살 때는 눈이 많이 왔는데 남부 지방에 오니까 눈이 안 오지, 그지?"

무슨 말인가 했더니 강북의 상계동에서 강남의 방배동으로 이사한 걸 두고 하는 말이었다. 어느 날 녀석의 노트를 보니 똑같은 제목으로 쓴 다양한 작문이 가득했다.

"아이고 우리 아들 노벨 문학상 받겠네!"

녀석이 쓴 글의 제목은 모두가 반성문이었다. 그러나 내용은 모두 달랐다. 알림장을 잊고 가져오지 않았다거나 숙제를 잘못 알았다 등이었다.

세월이 흘러 중학교 2학년이 된 녀석이 나에게 이런 말을 했다. "아빠! 안녕히 주무세요!"

그 말을 듣자 눈물이 주르르 나왔다. '저거 우리 아빠다!' 라고 말하는 것을 듣고 나서 10년 만에 처음 듣는 인사말이었기 때문이다.

내가 아이들과 함께 다녀본 곳에서 가장 인상적인 곳은 백령도였다. 백령도는 워낙 맑고 깨끗한 곳이라서 밤에 보는 별도 멀리 있는 것이 아니라 머릿속에 박혀 있다는 착각이 들 정도였다. 마치 하늘이란 세숫대야에 머리를 담고 있는 것처럼 온갖 별들이 짤랑거리며 춤을 추고 있었다. 그날 내가 별이 되었는지 별이 내가 되었는지 모를 정도로 별에 흠뻑 취했다.

사람이 별을 보고도 취할 수가 있다는 느낌은 완전히 새로운 것이었다. 나는 왜 마흔이 넘어 별의 아름다움에 취할 수 있었을까? 역설처럼 들리겠지만 젊은 시절에 바라보았던 별은 내 마음속에 욕심이 많아서 그런지 별로 아름답지가 않았다. 별처럼 되겠다는 생각이 넘쳐 오히려 별의 아름다움을 보지 못했던 것이다. 그러나 직장을 떠나 자유로운 마음으로 보아서 그런지 그날 본 별은 나를 신비의 세계로 인도하는 살아 움직이는 꼬마 천사들 같았다.

아이들과 함께 백령도를 다녀온 후 나는 자신을 냉정하게 볼 수 있었다. 그것은 내 마음이 많이 메말라 있다는 것이었다. 메마른 가슴을 얼마나 파고 들어가면 기적 같은 사랑의 샘물이 솟구칠까? 그런 사랑 찾기는 자연과의 만남으로 가능할 것 같았다. 그래서 짬이 날 때마다 산을 찾았다.

그러던 어느 날 지리산에 있는 칠불사에 가서 신기한 것을 보았다. 칠불사는 아亞자 모양의 방으로 유명한 곳이다. 방의 모양이 팔각형으로 되어 있고 구들이 잘 놓여 있어 방이 구석구석 따뜻하기 때문에 유네스코의 문화유산으로 등록된 곳이다. 내가 그곳을 찾았을 때는 비가 부슬부슬 내리는 봄날이었다.

방의 모습이 궁금하여 쪽문을 열고 들여다보았을 때 웬 스님 한 분이 면벽 기도를 하고 있었다. 놀라운 것은 스님의 몸 둘레로 우유빛 광채가 퍼져 나오는 것이었다. 그 광경이 신비하고 엄숙해서 얼른 쪽문을 닫아버렸다. 그날 비가 오지 않았다면 어느 구석에서 빛이 흘러들어왔을 것이라고 생각했을 것이다. 그러나 그날 내가 본 것은 스님의 몸에서 뿜어 나오는 빛이었다.

영화에서나 보는 장면을 내 눈으로 직접 보니 가슴이 뛰었다. 몸도 어떤 정신과 감응하느냐에 따라 빛이 될 수 있다는 것을 본 것이다. 그때 나는 사람의 몸에 기가 통한다는 것을 인정하게 되었다. 그런 경험을 하고 난 뒤 나무와 풀들도 생명의 기운을 뿜는 것을 알았고 돌이나 바위도 자연 속에서 살아 있는 생명처럼 기가 통한다는 것을 느낄 수 있었다.

이듬해 봄날 깊은 산속에서 나무들이 싹이 트는 소리를 들을 수 있었다. 꾸룩, 씨룩, 포르릉 등 다양한 소리가 울릴 때는 마치 오케스트라 연주를 듣는 것 같았는데 시끄러울 정도로 요란했다.

기는 보고 듣는 것만이 아니라 온몸으로 소통하는 힘이었다. 어느 날 나는 문경새재에서 이틀 밤을 지낸 적이 있다. 그때 몸이 산속의 기에 빨려 들어가는 기분을 느꼈다. 그런 일이 있고 나서 그곳을 떠올리니 차가운 기운이 등골을 타고 흘러내려오면서 눈동자를 에워싼 묵은 껍질이 녹아내리는 것처럼 당시의 장면이 눈앞에 선명하게 다가왔다. 아하! 몸이 이렇게 떨리면서 정신이 투명해질 수도 있구나! 신기한 경험을 한 나는 그런 사실이 믿기지 않아 산속에서 오래 사는 사람에게 물어보기도 했다. 그때 그분은 이런 말을 했다.

"숲속에 있으면 감각이 달라지나 봅니다. 숲속에 오래 있다 보면 숲이 푸르게 보이는 것이 아니라 희끄무레하게 보입니다. 그래서 스님들은 가끔 안과 치료를 받아야 하는데 그 치료라는 것이 영화를 보는 것이라고 합디다."

사람은 누구나 살아나려고 몸부림치는 생명력이 있다. 그 생명력을 인정하고 북돋아 주는 것 그것이 바로 사랑이다. 숲속을 해매면서 그렇게 생각을 정리하던 나는 한 스님으로부터 이런 말씀을 들었다.

"생명의 숭고함에 놀랄 때가 많지요. 봄날 대나무 숲에서 죽순이 솟아 오를 때는 그 소리가 얼마나 센지 밤에 시끄러워 잠을 한 잠도 못 잡니다."

노는 인간 호모 루덴스

많은 사람들이 아직도 공부를 잘하면 성공한다는 믿음을 갖고 있다. 그러나 그것은 인재가 부족했던 1980년대 얘기일 뿐이다. 지금은 공부보다 상상력으로 승부를 거는 시대다. 그렇다면 상상력은 어떻게 기를 수 있나? 그 비결은 노는 데 있다.

논다는 것은 할 일 없이 빈둥대거나 방황을 하는 것이 아니다. 노는 것에도 목적이 있고 방법이 있고 흐름이 있다. 그렇듯이 놀아본 사람은 목적과 방법과 흐름을 알기 때문에 노는 것도 잘 배워 그 에너지를 공부에 돌리면 큰 성과를 얻을 수 있다.

일만 하는 사람들은 '한 달쯤 푹 쉬었으면' 하는 꿈을 꾼다. 그러나 실제로 한 달 동안 놀아보라고 하면 아무것도 못한다. 노는 것도 미리 공부하고 경험해 봐야 할 수 있다. 놀이는 과학이다. 우선 언제라는 타이밍에 맞는 장소 선정이 쉬운 일이 아니다. 장소가 선정되었다고 하더라도 어떻게 가느냐, 누구와 가느냐, 가서 무엇을 즐기느냐 등 다양한 프로그램을 만들려면 고도의 기획력이 필요하다. 그래서 현대는 잘 노는 사람이 성공하는 시대다.

원래 우리나라 사람은 노는 것 하나만큼은 세계 최고의 문화를 가졌다. 노동이나 신앙마저 노는 것으로 여겼기 때문이다. 무당이 치성을 드릴 때나 하회 탈춤에서 먹중이 나타날 때 '한번 놀아볼까!' 라고 한다. 길쌈이란 일도 길쌈 놀이라고 했고 굿을 하는 것도 굿 놀이라고 했다. 논다는 것은 단순히 게임을 하거나 유희를 한다는 것이 아니다. 논다는 것은 서로 마음이 통하면서 하나로 어우러진다는 뜻이다.

나는 내 아이가 신나게 놀 줄 아는 아이가 되기를 바랐다. 놀줄 알아야 훌륭한 사람이 된다고 믿었기 때문이다. 인간이 다른 동물과 다른 점은 놀 줄 아는 능력을 가진 것이다. 그래서 놀 줄아는 인간을 호모 루덴스라고 유식하게 부르는데 바꿔 말하면 놀 줄 모르면 사람이 아니라는 뜻도 된다.

강의를 다니면서 노는 것의 중요성을 강조하면 꽤 많은 사람들이 이상한 표정을 짓는다. 내가 과연 자식을 키울 때도 노는 것을 권장했는지 묻는 사람도 있었다. 아버지가 자식을 잘 놀게 해도 다 되는 것은 아니다. 나는 두 아들 중에 큰 아들만 신나게 노는 삶을 살게 했다. 둘째는 쏘다니는 것 자체에 흥미를 갖지 않았기 때문이다.

큰아들은 중학교 1학년 때부터 방학 때마다 전국여행을 했고 고등학교를 졸업하자마자 가락동 수산시장에서 리어카를 몰며 아르바이트를 하기도 했다. 충청도 산골 비료공장에서 태국 노동자들과 함께 일하기도 했는데 말이 비료공장이지 짐승의 배설물을 비료로 만드는 것이었으니 쉬운 일은 아니었다. 그렇게 일을 해서 번 돈으로 초등학교 때의 친구가 이민 가서 살고 있는 호주로 가서 20일 동안 신나게 놀고 오기도 했다.

대학에 들어가서 녀석은 주말마다 호텔에서 제복을 입고 손님들을 서빙하는 아르바이트를 하기도 했다. 군 입대를 앞두고 학기를 휴학하여 친구들과 함께 전자기타를 배우기도 했다. 아버지와 아들 사이에는 말없음표가 있고, 징검다리처럼 이어진 말없음표 사이에는 믿음이 있다. 믿음은 어디에서 오는가? 그것은 바로 차이를 인정하는 것에서 비롯된다.

큰아이가 초등학교 6학년 때였다. 녀석은 친구가 이혼하여 헤어져 사는 엄마를 만나는데 같이 가자고 해서 다녀온 뒤에 기분이 어색했다고 했다. 그때 나는 녀석에게 이런 질문을 했다. 만약 아빠가 죽거나 그렇지 않은 일로 엄마와 헤어져 살게 되어 새 아빠가 생기면 어떻게 하겠느냐고. 그때 녀석은 새 아빠를 인정할 수 없을 것 같다고 했다. 그때 나는 이런 말을 했다.

"세상에는 아빠보다 더 좋은 사람도 있다. 그리고 아빠가 하늘나라에서 너를 볼 때 네가 바보처럼 마찰을 일으키며 사는 것보다 새 아빠와 사이좋게 지내기를 바랄 것이다. 어떤 사람이라도 사랑할 수 있다고 생각하면서 살아야 한다. 살아 있다는 것보다 소중한 것은 없고 같이 살면서 쓸데없는 마찰을 일으키며 사는 것보다 바보짓이 없다.”

좋은 아버지는 3분의 1만 애비 노릇을 해야 한다. 나머지 3분의 1은 형처럼 지내는 것이고 또 3분의 1은 친구처럼 지내는 것이다. 그런데 큰아들이 친구들과 함께 전자기타를 배워 콘서트를 하던 날 나는 그 생각을 조금 수정해야 했다. 녀석은 콘서트를 끝내면서 ‘아버지! 사랑합니다!’ 라고 무대에서 말했다. 그래! 고맙다. 마음속으로 그런 대답을 했던 나는 3분의 애비에서 4분의 1 애비로 바뀌었음을 실감했다.

아버지는 자식에게 형이고, 친구이고, 또 라이벌이다. 녀석은 내가 스무 살 무렵 상상도 하지 못했던 꿈을 실천했다. 그것은 해외여행, 골프, 자가용이었다. 녀석은 호주로 놀러가서 골프선수가 된 친구와 함께 골프를 쳤고 자가용을 몰고 다니기도 했다. 게다가 녀석은 전자기타를 배워 콘서트를 열지 않았는가!

와인 세대

하나님은 사람들에게 늘 새로운 스토리를 예비하고 있다. 그런데 사람은 그 스토리의 의미를 잘 받아들이지 못하고 혼란에 빠진다. 한구석밝히기 리더십 프로그램이 완성되자 강교수는 대야미에서 와인 파티를 하자고 했다. 처음 대야미란 말을 들었을 때 나는 혼란스러웠다. "뭐라구? 무슨 세수 대야라구?" 전화를 받으면서 그렇게 물었을 때 이런 말이 들려왔다. "그게 아니라 대야미라는 곳이 있어. 대야미!"

강교수는 나와 정현욱이란 친구를 불러 자신의 동료 교수이자 친구인 윤교수 집에서 와인을 마시자고 했다. 어떤 자리에 꼭 끼어야 할 사람이 있다. 정현욱이 그런 사람이다. 그는 동기

생들을 모아 산악회를 만들고 산악대장을 맡고 있었다. 눈 쌓인 북한산을 오를 때였다. 그는 플라스틱 막걸리통을 눈 속에 파묻었다가 점심을 먹고 나서 그것을 꺼내 한 잔씩 돌렸다. '크아!' 그 맛에 놀라지 않을 수 없었다. 눈 쌓인 겨울 산이 그대로 가슴 속에 들어와 앉았다. 그렇게 그는 모임의 분위기를 피크타임으로 만드는 재주가 있어서 친구들은 그를 정대장으로 부르면서 좋아했다.

강교수와 정대장과 나는 고등학교 동창이니 만나는 것이 자연스러웠다. 그런데 윤교수는 어떤 사람인지 궁금했다. 그래서 그에 대해 물었을 때 강교수는 엉뚱한 대답을 했다.

"철밥통이라고 보면 돼."

"철밥통이라니?"

"철학이 밥 먹여 준다는 말이 통하는 사람이지."

약속한 날이었다. 지하철 4호선을 타고 역에 내린 나는 대야미가 무슨 뜻인지 궁금했는데 역 간판을 보니 큰 대大자에 밤 야夜 그리고 맛 미味라는 글이 적혀 있었다.

동네 이름이 아주 시적이었다. 대야미역에 내린 나는 대야미라는 동네를 보는 순간 놀라지 않을 수가 없었다. 그 동네의 풍경 하나하나가 내 몸속에 있는 세포들과 짝을 짓는 것 같았다. 한마디로 대야미는 내가 살아온 인생을 압축한 무대처럼 산마루 언덕 아래 포근히 감싸진 마을이었다. 그래서 나도 모르게 이런 생각을 했다.

'툭툭 털고 대야미로 들어오고 싶다!'

내가 이런 생각에 잠겨 있을 때 강교수가 말했다.

"대야미는 참 좋은 곳이야. 약수터도 있고 저수지가 두 개나 있어. 물론 수리산과 붙어 있어 산도 가깝지. 그런 것들도 좋지만 서박사는 도서관 때문에 더 좋아할 거야."

"뭐라구? 도서관이 있어? 이 작은 마을에?"

강교수는 '저기를 보라구' 하면서 한 건물을 손으로 가리켰다. 대야 도서관이었다.

"굉장한 곳이구먼!"

어느새 나는 대야미에 취해 있었다. 그러자 옆에 있던 정대장이 거들었다.

"글 쓰는 자네에게 모든 것이 안성맞춤이구먼."

그날 우리 넷은 대야미에서 평생 가장 많은 와인을 마셨다. 그러면서 많은 얘기도 나누었고 철밥통으로부터 와인 강의도 들었다. 그런 가운데 강교수는 강마담이란 별명을 얻었는데 그 별명은 정대장이 지어 주었다. 그는 리더십 프로그램 개발을 축하하면서 김영실의 근황을 물은 적이 있다.

"숙환으로 고생하시다가 얼마 전에 돌아가셨지."

"이제는 강마담 역할이 더 중요해졌네?"

"강마담이라니?"

"주인공이 가셨으니 강교수가 강물처럼 그 마음을 담담하게
이어나가야 하지 않나?"
"그거 참! 말이 되네"

　와인이라? 2004년에 광고대행사인 제일기획이 45세에서 64
세 사이의 세대를 이름 지으면서 와인세대란 말을 했다. 와인세
대는 'Well Integrated New Elder'란 말의 머리글자만 따서
지은 이름이다. 제일기획은 와인세대를 경험이 많은 만큼 제 빛
깔과 향 그리고 맛이 우러나는 와인과 같다고 했다. 와인세대는
가족 중심에서 부부 중심으로 라이프스타일이 바뀌면서 제품
을 사더라도 복잡한 것보다 단순한 것을 원한다고 했다.
　나는 대야미에서 와인세대라는 말을 떠올리며 내가 과연 그
특징에 맞는지 생각해 보았다. 한 가지 분명한 것은 과거를 보
는 시각이 달라졌다는 것이다. 전에는 과거의 사건들을 하나하
나씩 따지면서 쪼개서 보았는데 이제는 그것들을 뭉뚱그려서
하나의 공통점으로 보게 되었다. 비로소 나는 세상을 스토리의
흐름과 연결로 볼 수 있을 만큼 시야가 넓어진 것이다.

아이보리의 성공 비결

중년이 되면서 새로운 나를 발견한다는 것은 없는 나를 만든다

는 뜻이 아니다. 중년의 자기 발견은 어릴 때의 꿈과 추억을 재배열하여 시대에 맞게 각색해 보는 것이다. 그래서 중년의 자기 찾기는 상상력을 부활하는 것이다. 『서유기』를 보면 변신하는 손오공이 등장한다. 옛날 사람들도 이미 상상 속에서 변신을 경험한 것이다. 그리고 그런 상상 속의 변신이 기계와 전자문명과 만나 로봇이 되었고 현대생물학과 만나 유전자 복제로 현실화되고 있다.

스토리의 힘은 얼마나 위대한가! 어릴 때 〈라이파이〉란 만화가 있었다. 주인공 라이파이는 요즘 식으로 삐삐 같은 것을 몸에 달고 다니면서 적과 싸웠다. 그때는 집에 전화가 있는 사람도 드물 때라서 그런 초첨단 장비로 무장한 라이파이를 얼마나 동경했는지 모른다. 그때 나는 내 평생 라이파이 같은 사람을 실제로 구경할 수 있으리라고 생각하지 못했다. 그런데 오늘날 현대인은 삐삐 수준을 넘어 휴대전화를 갖고 다니지 않는가!

스토리는 얼마나 중요할까? 스토리의 중요성은 그 스토리로 활용할 수 있는 크기만큼 중요하다. 괴테가 『파우스트』를 쓰기 전에 이미 파우스트 전설이 있었고 영국의 작가가 희곡을 쓰기도 했다. 그러나 그것들은 괴테의 파우스트만큼 위대하지 못했다. 괴테는 이런 말을 한 적이 있다.

“모든 것은 이미 누군가 생각했던 것이다. 그것을 다시 생각해 내는 일이 어려울 뿐이다.”

나는 이 말을 이렇게 바꾸고 싶다.

"모든 것은 누군가 이미 생각했고 또 누군가 다시 생각했다. 중요한 것은 생각한 것을 현실 속에서 활용하는 것이다."

성공을 스토리로 보면 우연한 일 또는 운도 활용해야 한다는 교훈을 얻을 수 있다. 어떤 스토리라도 시대의 물결과 생명을 함께한다. 컴퓨터가 발명되면서 주산학원이 사라지고 자동차가 발명되면서 말안장이나 채찍이 사라진다. 그렇듯이 성공은 새로운 변화에 발을 맞추는 것이다. 도토리 키재기 식으로 주산학원끼리 경쟁하거나 말안장 제조업체끼리 경쟁하는 것은 의미가 없다.

마케팅은 가치교환이다. 그러나 가치교환도 변화의 축이 바뀌면 양상이 달라진다. 지난 100여 년간 가치교환의 양상을 바꾸고 새로운 가치를 창출한 것은 무엇일까? 그것은 바로 전기다. 오늘날 찬란한 컴퓨터 산업도 에디슨이 발명한 전기가 있었기에 가능했다.

전기가 발명되면서 가장 많은 타격을 입은 산업은 무엇일까? 그것은 바로 양초제조업이다. 그래서 1879년은 매우 의미 깊은 해가 되는데 그해는 에디슨이 전기백열등을 성공적으로 테스트한 해였기 때문이다. 그런데 전기가 개발되면 양초사업이 문을 닫으리라고 예견한 사람이 있었다. 바로 할리 프록터였다. 양초제조업을 하면서 비누를 만들던 그는 1879년 10월, 아이보리 비누라는 브랜드를 만들면서 양초 대신에 비누를 집중하여 팔기로 했다.

비누의 역사는 깊다. 기원전 600년경에 고대 페니키아 사람들은 염소의 유지에 탄산칼륨이 많은 재를 섞어 물과 함께 끓여서 증발시켜 남은 왁스로 고체 비누를 만들어 썼다고 한다. 그 후에 만들어진 비누들도 페니키아 사람들의 제조원리와 비슷했다. 그러나 아주 우연한 사건이 비누의 역사를 새롭게 펼치게 했다.

미국의 남북전쟁 때 할리 프록터는 남군에 비누를 납품했다. 그는 사촌인 제임스 갬블을 끌어들여 향기가 좋은 크림색 비누를 만들었다. 프록터가 그런 비누를 만들려고 한 것은 수입품인 카스틸 비누를 이겨보려고 했기 때문이고 사촌을 끌어들인 것은 그가 화학자였기 때문이다.

할리 프록터와 제임스 갬블이 만든 비누는 잘 팔렸다. 그런데 어느 날 공장 노동자가 점심을 먹으러 가면서 교유기 끄는 것을 잊어버렸는데 돌아와 보니 비누 용액에 공기가 너무 많이 들어가 있었다. 버리기가 아까워 응고시켜 잘라보니 물에 뜨는 비누가 되었다. 실수가 만들어 낸 신제품이었다. 그 후 두 사람은 모든 비누의 교유 과정을 의도적으로 더 길게 하여 물에 뜨는 비누를 많이 생산했다. 목욕 중에 비누를 떨어뜨려도 쉽게 찾을 수 있었던 그 비누는 금방 인기상품이 되었다.

물에 뜨는 하얀 비누! 그러나 그것만으로 부족했다. 할리 프록터는 목사님이 설교를 하면서 시편 45편을 읽을 때 귀가 번쩍 뜨였다.

그대가 입은 모든 옷에서는
몰약과 침향과 육계 향내가 풍겨나고
아이보리궁에서 들리는 현악기 소리가
그대를 즐겁게 하도다

그렇다! 하얀 비누는 상아와 같다. 그래서 할리 프록터는 상아란 뜻의 아이보리를 브랜드로 쓴 것이다. 오늘날 세계적 회사가 된 프록터앤갬블의 시작은 아이보리의 탄생과 함께 싹이 텄다. 할리 프록터는 마케팅의 귀재였다. 화학교수에게 비누성분을 분석시켰더니 0.56퍼센트의 불순물이 있다는 보고를 받았다. 이를 보고 프록터는 그 반대로 광고를 했다.

"아이보리 비누의 순도는 99.44%입니다."

아이보리는 1881년 순수함을 강조하는 광고를 주간 종교지에 처음으로 실었는데 그런 설득을 40년이나 계속했다. 그렇듯이 아이보리의 성공 비결은 지속적으로 스토리를 퍼뜨린 설득력에 있었다. 이와 더불어 아이보리는 브랜드 관리부서라는 새로운 시스템을 만들어 마케팅 프로그램과 판매 및 제조기능을 조정했다. 그때가 바로 1931년 5월이었는데 현대 마케팅의 브랜드 역사상 최초의 일이었다.

마음을 다스리는 스토리

인생 스토리를 어떻게 펼칠 것인가? 그런 의문에 가장 좋은 가르침을 골라 보라면 〈보왕삼매론〉을 권하고 싶다.

몸에 병 없기를 바라지 말라.
몸에 병이 없으면 탐욕이 생기기 쉽나니, 그래서 성인이 말씀하시되 병고로써 양약을 삼으라 하셨느니라. 법정 스님은 이 말을 내게 건강이 주어졌을 때 잘 살라는 뜻으로 해석한다. 허송세월 말라는 것이다.

세상살이에 곤란함이 없기를 바라지 말라.
세상살이에 곤란함이 없으면 업신여기는 마음과 사치한 마음이 생기나니, 그래서 성인이 말씀하시되 근심과 곤란으로써 세상을 살아가라 하셨느니라.

공부하는 데 마음에 장애 없기를 바라지 말라.
마음에 장애가 없으면 배우는 것이 넘치게 되나니, 그래서 성인이 말씀하시되 장애 속에서 해탈을 얻으라 하셨느니라.

수행하는데 마魔가 없기를 바라지 말라.
수행하는 데 마가 없으면 서원이 굳건해지지 못하나니, 그래서

성인이 말씀하시되 모든 마군으로서 수행을 도와주는 벗을 삼
으라 하셨느니라.

일을 꾀하되 쉽게 되기를 바라지 말라.
일이 쉽게 되면 뜻을 경솔 한데 두게 되나니 , 그래서 성인이 말
씀하시되 여러 겁을 겪어서 일을 성취하라 하셨느니라.

친구를 사귀되 내가 이롭기를 바라지 말라.
내가 이롭고자 하면 의리를 상하게 되나니 그래서 성인이 말씀
하시되 순결로써 사귐을 길게 하라 하셨느니라.

남이 내 뜻대로 순종하기를 바라지 말라.
남이 내 뜻대로 순종하면 마음이 스스로 교만해지나니, 그래서
성인이 말씀하시되 내 뜻에 맞지 않는 사람들로서 원림을 삼으
라 하셨느니라.

공덕을 베풀려면 과보를 바라지 말라.
과보를 바라면 도모하는 뜻을 가지게 되나니, 그래서 성인이 말
씀하시되 덕을 베푸는 것을 헌신처럼 버리라 하셨느니라.

이익을 분에 넘치게 바라지 말라.
이익이 분에 넘치면 어리석은 마음이 생기나니, 그래서 성인이

말씀하시되 적은 이익으로써 부자가 되라 하셨느니라.

억울함을 밝히면 원망하는 마음을 돕게 되나니, 그래서 성인이 말씀하시되 억울함을 당하는 것으로 수행하는 문을 삼으라 하셨느니라. 법정 스님은 저절로 밝혀질 일을 서둘러 밝힐 필요가 없다고 했다.

　　법정스님은 보왕삼매론의 의미를 이렇게 요약했다.
　　"역경을 이겨내지 못하면 자신이 지닌 생명의 씨앗을 꽃피울 수가 없습니다. 저마다 자기 나름대로의 꽃이 있어요. 다 꽃씨를 지니고 있다고요. 그런데 역경을 이겨내지 못하면 그 꽃을 피워낼 수가 없습니다. 하나의 씨앗이 움트기 위해서는 흙 속에 묻혀서 참고 견디는 그런 인내가 필요해요. 그래서 참고 견디라는 겁니다. 거기에 감추어진 삶의 묘미가 있습니다. 우리가 살아가는 이 세상이 사바세계라는 사실을 다시 한 번 상기해 주시길 바랍니다. 극락도 지옥도 아니라는 거예요. 사바세계. 참고 견딜 만한 세상. 여기에 삶의 묘미가 있습니다."

　　내가 보왕삼매론을 권하는 것은 많은 중년들이 탈진하여 쉽게 주저앉기 때문이다. 보왕삼매론을 읽고 마음의 여유를 찾고 어제까지 생각했던 삶이 아닌 새로운 삶이 있다는 생각을 하기 바란다. 지나온 과거를 모두 실패라고 단정할 필요는 없다. 과거는 앞으로 값진 인생을 살기 위한 수업료라고 생각하면 새 길이 눈에 보일 것이다. 수명이 길어진 오늘날 마흔까지 별 볼일 없이 살았더라도 앞으로 제대로 살 수 있는 세월이 최소 40년이나 된다. 도망자 신분으로 살다가 민족지도자가 된 모세는 80세에 새 인생을 살면서 큰 일을 할 수 있었다.

3장
새로운. 작전. 구상.

기분 좋은 울림

알고보면 위대함은 가까운 곳에 있다. 젊었을 때 사람들은 머리를 탓하면서 산다. 무슨 일이 풀리지 않으면 '내가 왜 이것을 몰랐을까?' 라는 식으로 한탄한다. 그러나 중년이 되면 가슴을 치면서 사는 날이 많아진다. 내가 조금만 참았더라면, 내가 조금만 따뜻하게 대했더라면, 내가 좀더 차분하게 여유가 있었더라면, 내가 좀더 용기를 냈더라면 하는 식으로 감정이 무슨 일의 성공 비결이 된다는 것을 실감한다. 그렇구나! 머리가 성공 비결이 아니라 성질이 문제로구나! 뒤늦게 그런 깨달음을 얻는 것이다.

혈죽선생을 아시나요? 공무원 조직에서는 윗사람을 드러내

놓고 비난하기 어렵다. 그래서 좀 고상한 용어로 윗사람의 별명을 부른다. 혈죽이란 피 혈血자와 대 죽竹자를 합친 말로 별것 아닌 일에 핏대를 자주 내는 상사를 일컫는 말이다. 아직도 우리나라에는 꽤 많은 혈죽선생이 있는데 그만큼 감정적으로 미숙한 리더가 많다는 뜻이다.

컨설팅을 하다 보면 머리로 풀리지 않는 문제가 엉뚱하게 풀릴 때가 있다. 부서 간에 서로 의사소통이 안 되어 갈등이 많은 회사가 있었다. 아무리 고민해도 답이 잘 나오지 않았는데 혹시나 하는 심정으로 부서 간 칸막이를 없애보라고 했다. 그런데 놀랍게도 그 후에 회사 분위기가 많이 좋아졌다. 소수의 친한 사람들끼리 주고받았던 얘기들이 자연스럽게 공론화되면서 의사소통이 확장된 것이다. 도대체 이런 변화를 어떻게 설명해야 할까?

많은 사람들이 머리로만 직장생활을 하려고 하면 서로 피곤하고 조직도 건강을 잃게 된다. 그래서 머리를 뛰어넘는 그 무엇이 필요하다. 그것이 바로 기인데 기는 음양의 소통으로 활성화된다. 음양의 차이가 조화가 되면 어울림이 되고 어울림이 꽃이 피면 울림이 된다. 그런 울림은 한 번으로 끝나지 않고 맥놀이처럼 이어진다. 맥놀이는 보신각 종 같은 우리나라 전통 종을 울릴 때 그 소리가 끊어지지 않고 이어지면서 울림이 계속되는 현상을 말한다. 좋은 종이 맥놀이를 만드는 비결은 두께의 두껍고 얇음이 조화를 이루기 때문이라고 한다.

똑같은 말을 하더라도 공감의 깊이와 넓이가 맥놀이처럼 이어지는 말이 있고 그렇지 않은 말이 있다. 맥놀이처럼 이어지는 말은 많은 사람이 공감하는 스토리 파워가 생기고 중간에 끊어지는 말은 사라진다.

1977년 11월 26일 프로 복싱 선수인 홍수환은 4전 5기 끝에 카라스키야를 이기고 챔피언이 되었다. 그때 그는 고국에 있는 어머니와 통화하면서 "엄마 나 챔피언 먹었어!"라고 말했다. 그때 홍수환 선수의 어머니는 무슨 대답을 했을까? '아이구! 내 자식 최고다!' 라고 말했을까? 아니다. 어머니가 하신 말씀은 "그래! 대한국민 만세다!"였다.

홍수환 선수는 국민 모두가 배고픔에 허덕일 때 챔피언이 된 것을 먹었다고 표현했다. 얼마나 먹는 것에 굶주렸으면 그런 말을 했겠는가! 홍수환 선수의 어머니는 자식의 성공을 배고픈 시절을 함께 고생하는 국민의 성공으로 돌렸다. 그렇듯이 한국 사람들에게 성공은 저 혼자 잘나서 하는 것이 아니라 다른 사람들과 활력을 공유하는 것이다.

그래서 우리나라 사람은 성공한 경우 염려 덕분에 잘 되었다고 말한다. 이때 덕분德分이라는 말은 덕을 함께 나눈다는 뜻이다. 홍수환 선수의 어머니가 자식의 성공을 '대한국민 만세'라고 불렀을 때 그 말은 모든 한국인에게 기를 살려준 명언이 되었다. 위대함으로 가는 길? 그 길에는 감정을 헤아리는 여유가 필요하다.

머리를 뛰어 넘기

미국 LA에서 지진이 일어나기 전, 48시간 안에 지진이 일어날 것이라고 말한 사람의 얘기가 디스커버리 방송에서 방영된 적이 있다. 한 여성이 방송국에 미리 전화를 해서 알려줬다는 것이다. 방송국 직원은 그녀의 말을 대수롭지 않게 여겼는데 실제로 그런 일이 생기자 놀랐다고 한다.

본능적으로 위험을 직감하는 능력이 뛰어난 사람이 있다. 그런 사람은 인간 초기 시절의 본능이 아직도 살아 있는 사람이다. 실제로 일본의 지진이나 쓰나미 사태에서 짐승들의 피해는 없었다. 고베에서 지진이 났을 때 강아지와 함께 공원을 산보하던 사람이 집으로 돌아가려고 하자 강아지가 자꾸 가지 않으려고 하는 바람에 목숨을 건진 사람도 있다. 그렇다면 새대가리니 개대가리니 하는 말은 사람이 뭘 모르고 하는 말이다.

흔히 아이큐가 부족한 사람을 새대가리니 개대가리니 하지만 그것은 아주 편협한 생각이다. 사람의 뇌도 초기에는 짐승들의 것과 같았다. 그러다가 진화를 거듭하는 동안 앞뇌가 발달하게 되었는데 그 뇌는 비교하고 따지는 판단 능력을 주로 담당한다. 그러다 보니 초기의 뇌는 조금씩 퇴화된 것이다. 본능적으로 기회나 위험을 감지하거나 감정소통을 하는 능력은 원시 뇌뿐만 아니라 신체 장부 속에도 있다.

<서프라이즈>란 프로그램에서 이런 얘기가 방영된 적이 있었다. 어떤 사람이 병원에서 장기이식을 받고 나서 취미가 달라졌다는 것이다. 그런데 신기한 건 취미가 달라지면서 비슷한 취미의 여자를 만나 결혼을 하게 되었다. 서로 좋아하는 노래도 같았고 느낌도 서로 비슷하다는 것이 결혼의 계기였다. 그런데 나중에 알고 보니 두 사람은 똑같은 한 사람으로부터 장기를 이식받은 경험이 있었다. 한 사람은 폐를 이식받았고 다른 한 사람은 간을 이식받았던 것이다.

신체 장부가 사람들의 생각이나 느낌에 영향을 줄까? 이런 의문을 품는 사람도 있다. 그러나 현대과학에 의하면 뇌만이 사고작용에 관여하는 것이 아니고 신체 장부도 그런 작용과 관련이 있다고 한다. 심리학자 피아제는 타고난 장기의 특성에 따라 사람의 생각이 달라진다고 했다. 그것을 초뇌적 사고 또는 발생론적 인식론이라고 한다.

태어나면서 소화기관이 부실한 사람이 있다고 상상해보자. 그 사람은 먼 곳으로 여행을 가거나 새로운 곳에 놀러가는 것을 좋아하지 않는다. 장소가 다르면 물이 다르기 때문에 그렇지 않아도 소화가 잘 안되는 사람이 고생을 하기 때문이다. 소화기능이 약한 사람은 한구석에 틀어박혀 따지고 비교하고 분석하는 일이 어울린다. 따라서 타고난 신체 장부의 특성이 두뇌 발달이나 성격 형성에 영향을 준다.

나는 왜 뇌를 뛰어넘는 사고를 말하는가? 중년이 되면 그동안 써먹었던 두뇌 기능이 확산되지 않는다. 그래서 두뇌가 아닌 다른 무엇이 생각의 방향을 결정하는지 알 필요가 있다. 그런데 신기한 것은 우리 조상들은 오래전부터 신체 장부를 가지고 감정의 작용을 표현했다. 간이 부었다거나, 부아(허파)가 치민다거나, 신간(신장과 간)이 편하다거나, 비위(비장과 위장)가 좋다는 말이 있다. 음식을 조금 먹는 경우 '간에 기별도 안간다'고 했는데 실제로 신경전달물질이 간에 작용하여 배고픔을 느낀다는 사실을 생리학적으로 밝힌 것은 20세기였다.

한국인에게는 독창적인 정서 체계가 있다. 그리고 그런 체계를 이해할 때 건강과 행복을 구할 수 있다. 그렇다면 그 체계를 어디서 어떻게 발견할 것인가? 이에 대한 해답이 바로 이제마의 사상이다.

마음의 중심 잡기

체질로 본 사람

마흔 살 이후 나는 길고 진한 중년의 홍역을 치렀다. 그것은 언제 끝날지도 모르는 장마 같았다. 하지만 세상에 끝이 없는 것이 있으랴! 지금 과거를 돌아보면 중년기 홍역의 문제를 풀게 하고 그 끝을 마련하는 열쇠 중에 하나로 이제마의 사상四象이 있었다.

어느 날 신문을 보니 체질을 활용해 치료효과를 높인다는 양의사에 대한 기사가 있었다. 호기심이 생겨 찾아가서 체질 진단을 받았는데 나는 소양과 소음의 복합체질이라고 했다. '그런 것도 있었나?' 라는 의문으로 그 의사가 쓴 책을 읽었지만 의심만 쌓였다. 다른 사람들은 어떻게 사상을 소개했을까? 그런 계기로 공부를 하다가 나중에 이제마가 쓴 『동의수세보원』을 보게 되었다.

　나는 체질을 공부하면서 분자생물학에 관심을 갖게 되었다. 분자생물학은 생명을 서로 다른 다양성의 조화로 이해하기 때문이다. 사람이 유황을 먹으면 죽는다. 그런데 오리는 유황을 먹어도 죽지 않는다. 신기한 것은 사람이 유황을 먹은 오리를 먹으면 유황의 독성은 사라지고 그 약성만 섭취할 수 있다는 것이다. 김일성은 생전에 특별하게 재배된 도라지를 먹었다고 한다. 해발 800미터에 도라지 밭을 가꾸면서 근처에 양귀비를 키운다고 한다. 그러면 벌과 나비가 양귀비꽃과 도라지꽃을 왔다 갔다 하면서 약효가 뛰어난 도라지를 만든다는 것이다.

　사람들은 체질이라고 하면 몸의 차이만을 연상한다. 그러다 보니 마음의 작용도 사상으로 분류된다는 것을 잊는다. 음기와 양기의 시각으로 보면 사람의 몸과 마음은 하나의 원리로 설명된다. 물론 체질 구분은 서양에도 있다. 미국의 팀 라헤이라는 목사는 모세를 우울질로 보았는데 그를 사상으로 보면 의심이 많고 이것저것 많은 일을 고려하는 태음인에 속한다. 베드로는 다혈질로 분류했는데 사상으로 보면 태양인이고, 바울은 담즙질이지만 사상으로 보면 소양인이고, 아브라함은 점액질이지만 사상으로 보면 소음인에 속한다.

　신체 안에 있는 장부들은 활동 시간이 다르다. 폐는 오후 3시에 가장 왕성하게 활동하고 신장은 오후 6시에 가장 활발하게 움직인다. 그렇듯이 타고난 신체 장부에 따라 바이오 리듬이 다르다. 아침형 인간이 있는가 하면 심야형 인간이 있다.

미국에 가면 녹용이 흔하다. 그런데 그 나라 사람들은 녹용을 대수롭지 않게 여긴다. 바보라서 그럴까? 아니다. 녹용은 몸을 따뜻하게 하는 기능을 한다. 그런데 미국 사람들은 주로 양인이 많기 때문에 녹용을 먹으면 독약을 먹는 꼴이 된다. 우리나라 여성은 음인이 많아 아이를 낳으면 뜨거운 방에서 몸을 지진다. 그러나 미국 여성은 아이를 낳으면 제 발로 걸어가 샤워를 하고 차가운 주스를 들이킨다.

사람의 행동이 다른 배경에는 의외로 체질이 많이 작용한다. 아프리카 부시맨이 한국에 왔을 때 인삼 음료를 먹고 밤에 잠을 이루지 못한 적이 있었다. 양인 체질의 사람이 몸을 따뜻하게 하는 음료를 먹었으니 불에 기름을 붓는 셈이 된 것이다.

현대인에게 체질은 저마다의 유전자 차이로 설명된다. 만약 어떤 사람의 정확한 유전자 지도를 안다면 약을 쓸 때 비용을 줄일 뿐만 아니라 몸에 맞는 처방도 할 수 있다. 모든 사람에게 똑같은 처방을 할 경우 자신의 체질보다 60배나 강한 약을 투여받는 경우도 생긴다.

감정과 행동의 조화

타고난 몸의 차이에 따라 사람이 다를 수 있다는 사실을 알면 마음이 편안해진다. 살다 보면 '저 사람은 왜 그럴까?' 하면서 많은 고민을 할 때도 있다. 그런데 '내가 모르는 저 사람의 차이는 뭘까?'라고 생각을 바꾸면 상대방을 편하게 볼 수 있다. 차이를 알면 서로 인정하면서 아름다운 관계를 만들 수 있기 때문이다.

물론 체질만으로 인생이 결정되는 것은 아니다. 이제마도 타고난 능력 못지않게 후천적인 노력을 강조했는데 평소 많은 수양을 하거나 새로운 시도를 하면서 타고난 체질과 다른 도전도 중요하다고 했다. 이제마는 우리나라 최초의 정신과 의사이자 웰빙컨설턴트라고 할 수 있다. 그는 이미 100년 전에 평소 자신의 감정을 잘 관리하고 마음 씀씀이 고와야 건강과 행복이 가능하다고 했기 때문이다.

사상의 특징은 감각과 인식과 감정을 하나로 연결해서 보는 것이다. 태양인은 귀로 알아듣는 능력이 비상하다. 그래서 듣기만 해도 변화를 예상할 정도다. 그러다 보니 세상 사람들이 서로 속이는 것도 빨리 알게 되고 남이 자신을 업신여길 때 벌컥 성을 내기도 한다.

태양인은 듣는 능력은 좋지만 세심하게 구석구석을 살피는 후각은 부족하기 때문에 남을 잘 배려하지 못한다.

소양인은 눈썰미가 밝아 세상 모임에 두루 끼어들고 나서기를 좋아한다. 그러다 보니 사람들끼리 서로 업신여길 때 노여움이 생긴다. 소양인은 보는 능력이 탁월해 눈치가 빠르지만 오래 씹어서 음미하고 분석할 수 있는 구분력은 부족하다.

태음인은 후각이 발달하여 사람들 사이를 관통하는 인륜에 대해 훤하지만 남의 말을 잘 듣지 않고 청각이 어두워 세상변화를 외면하기 쉽다. 그들은 세상 사람들이 서로 돕는 것을 금새 알아차리고 즐거워하는 경향이 있다.

소음인은 미각이 발달하여 작은 차이를 구분하는 능력이 탁월하지만 보는 시야가 좁아 여러 모임의 생활을 잘 모른다. 그들은 사람들끼리 서로 감싸주는 것을 알 때 기뻐하는 경향이 많다.

위에서 보았듯이 행동에서 수동적인 음인은 기쁨이나 즐거움 등 긍정적 감정에 빠졌다가 현실과 맞지 않을 때 크게 실망하는 경향이 있다. 행동에서 능동적인 양인은 슬픔이나 노여움 등 부정적인 감정을 이기지 못해 나서서 행동하는 경향이 있다. 알고 보면 사람은 누구나 다 복합체질이라고 할 수 있다. 그렇지만 어느 한 가지 탁월한 신체 장부의 특징 때문에 체질이 결정된다. 따라서 체질을 안다는 것은 타고난 강점 살리기와 모자란 약점 보완의 길을 안다는 것이다. 이제마는 스트레스를 마음의 불인 심화心火라고 하면서 체질마다 스트레스를 다루는 요령을 이렇게 말한 적이 있다.

소음인 무슨 일이 머릿속의 계산대로 딱 떨어진다고 보면서 기뻐하는 경향이 있다. 그러나 세상 일이 생각대로 되지 않더라도 '그럴 수 있다'는 여유를 가져야 속이 쓰리지 않는다.

소양인 옳지 않은 일을 보면 급하게 슬퍼하면서 직접 나설 만큼 서두는 경향이 있다. 그러나 아무리 옳은 일이라도 상대방을 헤아리는 여유를 가져야 병에 안 걸린다.

태음인 이것저것 헤아리면서 세상 일을 낙관적으로 보는 즐거움이 넘치는 경향이 있다. 그러나 급격히 즐거워하지 말고 일의 순서나 마음을 정리정돈해야 건강해진다.

태양인 사람들이 서로 속이는 것을 참지 못해 급히 화를 내는 경향이 있다. 그러나 화를 내더라도 주변 여건과 상황을 한 번 더 생각하는 여유를 가져야 한다.

이제마는 감정이 지나치게 발현되는 것을 경계하면서 마음의 중심잡기를 독행獨行이란 말로 권했다. 그는 독행을 조화 속의 독립이란 의미로 이렇게 풀이했다.

"좋아하면서도 그 사람의 나쁜 점을 안다면 중립을 지켜 어느 쪽으로도 기울어지지 않고, 싫어하면서도 좋은 점을 안다면 화목하게 지내지만 휩쓸리지 않는다. 독행이란 마음이 흔들리지 않는 것이다."

천국과 지옥의 차이

네 가지 힘의 조화

공자는 마흔 살에 미혹됨이 없었다고 하는데 보통 사람은 그런 경지에 도달하기 어렵다. 대신에 서로 다른 감정을 조화하거나 다양함을 인정하고 조화하면서 사는 지혜를 길러야 한다. 그런데 많은 사람들이 자기 중심에 빠져 상대방에 대한 여유를 잃는다. 언젠가 한 여대생을 상담한 적이 있다.

"친한 친구에게 좋은 일이 있어 교회에서 축송을 해주겠다고 했는데 그 친구가 거절했어요. 그 친구가 저의 성의를 무시해서 기분이 나빴어요."

과연 그럴까? 그렇지 않다. 그 친구는 그녀하고만 기쁨을 나누고 싶어 했다. 그래서 잘못은 그것을 몰랐던 그녀에게 있다.

왜냐하면 체질마다 칭찬을 듣고 싶은 방법이 다르기 때문이다. 소양인은 공개된 자리에서 칭찬을 듣고 싶지만 소음인은 그렇지 않다. 친한 사람하고만 기쁨을 나누고 싶어 한다. 사람마다 체질이 다른 만큼 감정 표현이나 개성도 다르다.

이제마는 신체 장부의 발달에 따라 감정이나 행동도 다르다고 보았다. 그것을 쉽게 소개하면 4가지 힘으로 요약할 수 있다. 그것은 분석력, 표현력, 관계력, 관통력이다.

분석력은 신장이 발달한 사람이 지닌 능력이다. 이때의 신장은 콩팥만 의미하는 것이 아니라 배꼽 아래에 있는 모든 장기를 의미하기 때문에 성기도 신장에 포함된다고 보아야 한다. 이제마는 신장을 음식물의 영양분을 걸러내는 기관으로 보았다. 그래서 신장이 발달한 소음인은 매사를 구분하고 따지는 분석력이 있는 사람이고 무슨 일을 하더라도 완벽하게 하려는 경향이 있다고 했다. 그런 사람은 소음인으로 씨앗처럼 치밀한 사람이라고 할 수 있다. 그래서 유달리 책임의식이 강하고 남에게 칭찬을 듣더라도 따로 조용하게 듣기를 원한다. 내가 만약 소음인이라면 교사나 의사 또는 회계사나 변호사 등 문제의 해결 결과가 분명한 일을 하는 것이 좋다.

표현력은 비장이 발달한 사람의 능력이다. 일상에서 모르는 사람과도 쉽게 친해지는 사람을 비위가 좋다고 하는데 이때의 비위는 비장과 위장을 말한다. 이제마는 비장이 음식의 영양분을 골고루 전달하는 역할을 한다고 보았다. 그래서 비장이 발달한 소양인은 여기저기 쏘다니면서 바쁘게 산다. 그런 사람은 소양인으로 늘 노래하고 싶은 작은 새와 같다. 그래서 남들에게 주목받기를 원하고 칭찬을 들을 때 공개적으로 드러나는 형식을 좋아하는데 그런 것을 자주 원하기 때문에 주변 사람들이 피곤할 때도 있다. 내가 만약 소양인이라면 영업이나 연기 등 사람들을 많이 만나면서 나를 표현하는 일이 어울린다.

관계력은 간이 발달한 사람의 능력이다. 이제마는 간을 하늘의 기운을 받아들이는 기관으로 보았는데 간이 발달한 사람은 세상을 두루뭉술하게 포용하는 경향이 있다. 그런 사람은 태음인으로 생각이 많은 큰 나무와 같다. 그래서 혼자가 아닌 팀원들과 함께 즐겁게 어울리기를 좋아하고 칭찬을 듣더라도 여럿이 함께 듣기를 좋아한다. 내가 만약 태음인이라면 총무나 관리 등 여러 사람들을 두루 관리하는 일이 좋다.

관통력은 폐가 발달한 사람의 능력이다. 이제마는 폐를 하늘의 기운을 내뿜는 곳으로 보았다. 그래서 폐가 발달한 사람은 세상의 흐름과 변화를 포착하는 경향이 있다. 그런 사람은 태양인으로 하늘 높이 멀리 날려고 하는 솔개와 비슷하다. 그래서 새로운 세상을 열 수 있는 아이디어에 관심이 많고 칭찬을 듣는다면 카퍼레이드를 하는 것처럼 군중 속에서 환호를 받는 스타일을 좋아한다. 내가 만약 태양인이라면 남이 미처 생각하지 못한 새로운 사업을 벌이거나 신상품을 개발하는 일이 어울린다.

체질을 힘으로 설명하는 것을 보고 글자 그대로 믿으면 곤란하다. 왜냐하면 사람의 힘은 환경과의 교감이나 생활 습관을 통해서도 얼마든지 길러질 수 있기 때문이다. 다만 어떤 힘이라도 체질이 뒷받침될 때 더 잘 길러진다는 것을 강조했을 뿐이다.

체질이 뒷받침되더라도 환경이 뒷받침되지 않으면 힘이 약해진다. 소양인으로 태어난 사람이 자기 표현의 기회가 충분하지 않을 경우 소음인으로 태어나 표현력을 길러주는 가정에서 자란 사람보다 소극적인 경우도 많다. 그래서 음인인 경우 환경을 개척하는 활발한 생활습관이 좋고 양인인 경우 정서를 순화하는 예술이나 참선 같은 정적인 생활습관을 갖는 것이 좋다.

환경과 생활습관은 아주 밀접하다. 이를 알려면 유럽의 네 나라를 보면 된다. 유럽에는 천당과 지옥을 이런 우스개로 표현한다. 천당은 영국 사람이 경찰을 하고, 독일 사람이 조직관리를 하고, 프랑스 사람이 요리를 하고, 이태리 사람이 사랑을 하는 곳이라고 한다. 그렇다면 지옥은 어떤 곳인가? 지옥은 영국 사람이 요리를 하고, 독일 사람이 사랑을 하고, 프랑스 사람이 경찰을 하고, 이태리 사람이 조직관리를 하는 곳이다.

왜 유럽의 나라들은 저마다 특징이 다른가? 영국 사람은 밖으로 전진하는 태양인 기질(관통력)이 있어서 세계에서 가장 많은 식민지를 만들어 한때 해가 지지 않는 나라로 불렸다. 프랑스 사람은 틀어박혀서 따지고 비교하는 소음인 기질(분석력)이 있어서 과학과 요리가 발달했다. 독일 사람은 생각이 많은 태음인 기질(관계력)이 있어서 철학과 법률을 발전시켰다. 이태리 사람은 뽐내고 나서는 소양인 기질(표현력)이 있어서 오페라 같은 예술이나 패션이 발달했다고 볼 수 있다.

나에게 어울리는 일

나는 어떤 사람인가? 이런 질문에 대한 대답을 할 때 대부분의 사람들이 그 사람이 무슨 직업을 갖느냐로 평가한다. 우리나라 사람은 상대방이 무슨 일을 하느냐 보다 어디에 속해 있느냐를 중심으로 보는 경향이 있다. 하는 일이 요리사이면 요리사라고 소개하지 않고 호텔에 근무한다는 식으로 말하는 것이다.

사람들은 왜 직업으로 평가하기를 좋아할까? 그것은 직업이 몸이나 관계나 특별한 장기보다 훨씬 안정적이기 때문이다. 게다가 직업은 그 사람의 현재 모습을 명확하게 보여준다. 그러면서 별 일이 없는 한 그런 현재가 계속 되리라고 본다. 그래서 내가 어떤 브랜드를 갖느냐는 것은 얼마나 지속적인 현재를 꾸려나가는 것과 통한다.

나는 어떤 사람이고 싶은가? 이런 질문에 답을 하려면 나는 무슨 직업을 갖거나 또는 어디에서 일하고 싶은지를 정하는 것이다. 그럴 때 남이 보기에 좋은 일만 선택할 것이 아니라 내 몸과 마음이 즐거운 일을 하는 것이 좋다.

똑같은 노력을 하더라도 잘하는 사람이 있고 그렇지 않은 사람이 있다. 무엇이 그런 차이를 만들까? 일도 타고난 본성과 관련이 있다. 그래서 체질에 맞는 일을 해야 성공할 확률이 높을 뿐만 아니라 기쁘고 즐겁게 살 수 있다.

다음 세 가지 질문에 답해보자.

첫째, 현재 내가 하고 있는 일은 어떤 것인가?

둘째, 내가 가장 잘할 수 있는 일은 어떤 것인가?

셋째, 앞으로 내가 하고 싶은 일은 어떤 것인가?

하고 있는 일, 잘할 수 있는 일, 하고 싶은 일에 대해 질문했을 때 그 세 가지가 모두 같다면 하는 일에 열심히 노력만 하면 된다. 두 가지가 같다면 그 일에 집중하는 것이 좋다. 그런데 같은 것이 거의 없다면 체질을 돌이켜 보면서 직업을 새롭게 선택하거나 직무를 변경할 수 있는 방법을 찾아야 한다.

지금 만족하십니까?

직장인을 대상으로 조사를 해보면 자신의 업무에 대해 만족하는 사람이 20%도 되지 않는다. 왜 그럴까? 그 이유는 자신의 핵심욕망에 맞는 일을 하지 않기 때문이다. 핵심욕망은 꼭 하고 싶은 일을 하게 하는 감성채널을 열어준다.

살다 보면 문득 '이게 아닌데'라는 의문이 들 때가 있다. 그런 의문을 만나는 경우는 핵심욕망과 하는 일이 같지 않을 때다. 그런데 어느 순간 새로운 깨달음을 얻는 경우도 있다. 그 경우는 핵심욕망과 통하는 일을 발견했을 때다.

나의 선배 중에 한 사람은 정년퇴직을 하자마자 원예학과에 학사 편입하여 꽃 가꾸기를 배웠다. 남의 이목에 신경을 쓰지 않고 당신이 하고 싶었던 일을 새롭게 시작한 것이 신선해보였다.

내가 진정으로 원하는 것이 무엇인가? 의외로 많은 사람들이 자신이 원하는 것이 무엇인지 모른다. 돈인가? 명예인가? 권력인가? 그 세 가지 모두를 원한다는 사람도 꽤 있다. 그런 사람은 성공하기 힘들다. 성공은 일을 즐겁게 하는 것에서 비롯되고 그 키워드가 바로 핵심욕망이다.

핵심욕망이 무엇인지조차 모르고 살다가 나중에 유명한 컨설턴트가 된 사람이 있다. 그가 바로 미국의 잭 주펠트다. 그는 인디언 거주 지역에 살면서 고등학교를 마쳤는데 백인은 그 혼자라서 매일 맞으면서 학교를 다녔다. 그렇지만 그는 겁쟁이였기 때문에 대들지 못하고 늘 울면서 살았다.

그런 그가 졸업 후 우유대리점에서 배달을 하다가 싫증이 나서 그만두려고 할 때였다. 대리점 상관이 가라테 도장을 관리하면 봉급도 줄 것이고 운동도 공짜로 배울 수 있다고 권했다. 겁쟁이에서 벗어나는 절호의 기회였다. 그는 자존심과 아버지의 신뢰를 찾기 위해 운동에 빠진다.

겁쟁이로 살지 않겠다. 자존심을 찾겠다. 신뢰를 얻겠다.

그것이 당시 그의 핵심 욕망이었다. 마침내 그는 터프가이라는 명성을 얻을 만큼 운동에 열중하여 가라테 사범이 되었고 나중에 고졸의 학력으로 컨설턴트가 되었다.

잭 주펠트는 『성공의 DNA』라는 책에서 핵심욕망을 강조했다. 처음에 그는 겁쟁이가 되지 않겠다는 핵심욕망이 있었는데 그것이 남들로부터 주목과 존경을 받는 것으로 발전되었다. 그는 다음과 같은 질문을 통해 핵심욕망을 찾으라고 했다.

- 만약 의무에 얽매이지 않아도 좋다면 무엇을 하고 싶은가?
- 무엇이 나를 행복하게 만드는가?
- 무엇이 나를 웃게 하는가?
- 무엇이 나를 감동시키는가?
- 나는 무엇을 갈망하는가?
- 남들을 돕기 위해 무엇을 강조하고 싶은가?
- 어떤 특징을 갖거나 강조하고 싶은가?
- 배우자나 자식들에게 무엇을 원하는가?
- 다른 사람들에게 무엇을 원하는가?
- 친한 친구와 함께 재미로 하는 일은 어떤 것인가?
- 전에는 했지만 이제 더 이상 할 수 없는 일 중에 어떤 것들이 있는가?

남이 보기에 꽤 성공한 사람이더라도 스스로를 실패자라고 말하는 사람을 떠올릴 필요가 있다. 반면에 남 보기에 그저 그런 사람도 자신을 성공인으로 자부하는 사람도 있다. 무엇이 그런 차이를 만드는가? 그것은 바로 자기 마음속의 핵심욕망이다. 핵심욕망을 충분히 발휘했다면 성공한 사람으로 자부하게 되고 그렇지 못하면 자신을 실패자라고 보게 된다.

핵심욕망을 살리려면 마음에 맞는 일을 지속적으로 하게 하는 핵심가치가 있어야 한다. 핵심가치는 핵심욕망을 맑고 투명한 수정 같은 보석처럼 승화시켜 내 삶의 길잡이가 된다. 운전기사라는 직업을 100% 만족한다는 사람이 있었다. 처음에 그 말을 듣고 의아하게 여기지 않을 수 없었다. 그래서 그 이유를 물었더니 그분은 자신의 가치관을 이렇게 소개했다.

저는 제 인생의 보람을 봉사에서 찾습니다. 운전기사가 되기 전에는 병원 원무과에서 근무했는데 봉사를 할 시간을 마련하기 어려웠습니다. 제가 하고 싶은 봉사는 혼자 사시는 어르신들을 목욕시켜드리는 것입니다. 그런데 운전기사가 되고 보니 한 달에 한두 번 시내에 있는 요양원 근처를 지나게 됩디다. 따로 시간을 내지 않아도 봉사할 기회가 생기는 것이지요. 그럴 때마다 귤 한 봉지를 사들고 가서 어르신들을 목욕해 드립니다. 30분 정도면 봉사를 할 수 있지요. 그러고 나면 얼마나 기분이 좋은지 모릅니다. 알고 보면 봉사는 남을 위한 것이 아니라 저를 위한 것입니다. 그래서 저는 봉사를 할 수 있는 이 직업에 100% 만족합니다.

핵심욕망이 결코 포기할 수 없는 나만의 욕망이라면 핵심가치는 나의 에너지를 바쳐도 후회하지 않을 명분이 된다. 욕망이 명분으로 가는 길목에 재미가 있다. 재미있는 일을 해야 행복해진다.

오늘날 한국의 비보이들은 축구로 치면 브라질 선수들만큼 최고의 기량을 가진 선수로 인정받는다. 외국의 팬들이 태극기를 흔들며 한국 비보이들을 응원할 정도다. 그들은 자신이 좋아서 하고 싶었던 춤에 미친 사람들이다. 애당초 남이 인정하는 성공에 관심이 없다. 매를 맞고 집에서 쫓겨나도 좋아하는 것을 해야 했던 열정이 오늘날 한국의 비보이가 세계로 통하는 브랜드가 된 것이다.

국내에서 금융회사 중역으로 지내다가 호주로 이민을 가서 슈퍼마켓을 차린 사람이 있었다. 그런데 그 일도 아내를 비롯한 집안 식구들이 도맡아 했기에 갑자기 일손을 놓게 된 그 사람은 할 일이 없어 답답하게 지내야 했다.

그런 그가 한국에 돌아와 6개월간 구두 수선을 배웠다. 그런 다음 자신의 슈퍼 구석에서 구두 수선점을 열었다. 그 수선점은 고쳐 쓰는 것이 생활화되지 않은 호주 사람들에게 인기를 끌었다. 그 사람에게는 돈을 번다는 것보다 사람들과 즐겁게 대화를 나누는 시간이 더 큰 보람이고 기쁨이었다.

존심지경

일단 무슨 일을 선택하면 단순하게 일하라! 이 말은 일을 할 때 이것저것 너무 계산하지 말라는 뜻이다. 1950년대 미국 뉴욕의 빈민가에서 스스로 용돈을 벌어야 했던 소년이 있었다. 어느 날 그는 콜라 공장 바닥 청소원이란 일자리를 구했다.

그가 하는 일은 바닥에 흘린 콜라를 닦아내는 것이었다. 한 번은 50개들이 콜라 상자가 떨어져 유리파편과 콜라가 섞여 아수라장이 되었다. 다른 사람들은 그것을 치울 생각도 하지 않았고 그 소년이 유리조각을 줍고 바닥을 닦을 때도 도와주지 않았다. 그러나 그는 열심히 일했고 다음 해 여름 다시 채용될 수 있었다.

이듬해 그는 바닥 청소 대신 음료 주입을 했고 여름이 끝날 무렵 부책임자로 승진했다. 그 소년이 누구인가? 1989년 미국 역사상 최연소 합참의장이 되고 2001년 흑인 최초로 국무장관이 된 콜린 파월이다.

똑같이 일을 하더라도 기쁨이 충만하여 환상적인 예술처럼

하는 사람이 있다. 미국의 심리학자인 칙센트미하이는 그 비결
을 다음 세 가지로 설명했다.

첫째, 무슨 일이 일어나고 있고 그 원인이 무엇인지 이해하고 관
심을 기울여야 한다.
둘째, 지금 방식이 업무에 임하는 유일한 방법이라는 수동적 자
세에서 탈피해야 한다.
셋째, 더 좋은 방법이 나타날 때까지 대안을 모색하면서 실험을
계속해야 한다.

지겨운 일이 환상적인 예술로 바뀌는 과정도 하나의 흐름과
같은 통합이다. 무슨 일을 하든지 간에 일과 떼려고 해도 뗄 수
없는 흐름 속에 있게 된다. 칙센트미하이는 일에 몰입하는 심리
적 과정은 신비스러운 고독감 속에 빠져 들어가는 것과 같다고
했다. 그것은 바로 이제마가 말한 존심지경存心持敬과 비슷하다.
존심지경이란 흩어진 마음을 모아 주의를 집중하는 것이다. 지
겹고 힘든 일이 있다면 잠시 창문을 열고 이런 생각을 해보자.

내가 현재 하는 일이 우스워 보일지 모르지만 이 일을 하고 싶어
안달인 사람도 있을 것이다. 나 역시 한때는 이런 일을 하기 위해
간절한 소망을 가지지 않았던가! 마음을 가다듬고 고요함으로 돌
아가 몸과 마음을 하나로 통합하여 일에 몰입하는 프로가 되자.

서강대 박호성 교수는 『우리 시대의 상식론』이란 책에서 한국은 형식주의에 빠져 최고가 못된다고 지적하면서 이런 경험을 소개했다. 비 오는 날 구두를 고치러 동네 구두방에 갔을 때 구두장이가 구두에 약칠을 하는 것을 보고 빈정대었다고 한다. 비 오는 날에 구두약 칠이 무슨 쓸모가 있느냐고 하면서. 그러자 그는 비 오고 날씨 궂은 날 구두가 쉬이 망가지니, 오히려 약칠을 더 잘해야 한다고 대답한다. 그런 경험을 한 그는 겉보기 광채만 줄곧 생각한 자신을 반성한다.

나는 박 교수 글을 읽고 이런 생각이 났다. 무슨 사고가 생기면 비행 청소년 선도대책이 중요하다는 식으로 요란을 피우는데 그것보다 더 중요한 것은 그런 청소년을 만들지 않는 바람직한 부모되기 운동이다. 그렇다면 청소년 문제보다 중년의 정신건강이 더 중요하다는 말이 되는데 국가가 중년을 위해 배려를 하는 것은 거의 없다. 무슨 일이라도 결과의 심각성만 보고 예산을 쓸 것이 아니라 문제 원인을 고치는 일에 초점을 맞추는 것이 최선을 다하는 길이다.

나는 경기도 어느 산골을 가다가 길가의 바위에 써 있는 광고문안을 보고 배꼽을 잡은 적이 있다. 아마도 시골 노인이 팥빙수를 팔기 위해 사투리를 그대로 살려 쓴 것 같은데 이렇게 적혀 있었다.

'똥구녕까지 시원한 팥빙수'

똑같은 내용도 말 한마디 바꾸면 효과가 달라진다. 그렇다면 생각을 바꾸면 얼마나 큰 성공을 하겠는가? 그런데 생각의 변화는 기존의 생각들을 조합하여 새롭게 만든 것이 많다. 구텐베르크의 인쇄기는 동전압인기와 포도주 짜는 기계를 조합하여 탄생되었다. 포드는 시카고의 도살장에서 쇠고기들이 이동되어 해체되는 것을 보고 컨베이어 벨트 시스템을 개발해 자동차 왕이 되었다.

최선은 근본으로 돌아가 힘을 다하는 것이다. 미켈란젤로가 시스티나 성당의 천장 벽화를 그릴 때의 일이다. 한 번은 그가 받침대 위에 올라가 누워서 천장 구석에 인물 하나를 조심스럽게 그려 넣고 있었다. 한 친구가 다가와 "여보게! 그렇게 구석진 곳에 잘 보이지도 않는 인물 하나를 그려 넣으려 그 고생을 한단 말인가? 그게 완벽하게 그려졌는지 그렇지 않은지 누가 알겠나?"라고 묻는다. 그때 미켈란젤로는 "내가 알지"라고 대답했다고 한다. 미켈란젤로는 이런 말을 했다고 한다.

"우리에게 가장 큰 위험은 높은 목표에 도달하지 못하는 것이 아니라 낮은 목표에 쉽게 안주하는 것이다."

의식의 확장

중년의 사랑

사랑하니까 산다. 과연 그럴까? 나는 그렇지 않다고 본다. 나의 대답은 살만 하니까 사는 것이다. 나는 아내를 사랑하지만 같이 살기 힘들다고 느낄 때도 있다. 살만 하다는 것은 서로 큰 상처 없이 교감이 가능하다는 것이다. 음양의 조화는 그런 것이다. 양인의 발산형 기질을 음인이 받아들이기 힘들 때 병이 난다. 음인의 세심함이나 꼼꼼함을 양인이 답답하게 여기면 같이 못 산다.

　살만 하다는 것은 서로 포기할 것은 포기할 줄 안다는 것이다. 강마담 부인은 평소 핸드백이나 지갑 또는 손에 들고 다니는 각종 물건을 자주 잃어버리는 습관이 있다. 그런데 강마담은 그런 문제점을 포기하는 수준을 넘어 아예 초월하고 산다. "여보! 나 어떡해? 가지고 다니던 찬송가 잃어버렸어!" 그의 아내가 어리광을 부리듯이 그런 말을 하면 강마담의 대답이 걸작이다. "그랬어? 진작 잃어버렸어야 하는데 이번에는 너무 오래 가지고 있었어! 괜찮아!"

사람은 크기의 차이가 있을 뿐 서로가 서로에게 상처를 주고 받는 관계 속에 있다. 별것 아닌 말 한마디가 상처가 되지만 어차피 인생은 그런 것이다. 알고 보면 부부 사랑은 서로의 차이를 인정하고 포기할 것은 포기하고 사는 것이다. 아무리 똑똑한 사람이라도 차이를 받아들이는 데 인색할 수 있다. 그런 사람은 감성소통 능력이 부족하기 때문에 관계지능을 개발해야 한다.

사랑을 하면 의식이 확장되는 것일까? 의식이 확장되어야 사랑을 하는 것일까?

중년 이전의 사랑은 의식을 확장시켜준다. 그러나 중년 이후는 의식이 확장되어야 사랑도 유지할 수 있다. 왜 중년의 사랑은 의식 확장으로 이어지지 못할까? 여기서 우리는 아무런 각성이나 준비없이 나이가 들 경우 추해질 수 있는 현실을 직시해야 한다.

가정주부와 아버지의 가치를 직업으로 본다면 그 가치는 얼마나 지속될 수 있을까?

2000년 5월 22일자 〈타임〉지는 '21세기에 전망 있는 직업과 없어질 직업'을 10가지씩 소개했다. 전망 있는 직업은 조직

공학이나 유전자 과학자 등이었다. 그런데 없어질 직업으로 교사, 교수가 2위, 출판업자가 3위였고 가정주부가 9위 아버지가 10위였다. 어머니 역할이 살아남는 이유는 아버지 없이도 체세포 복제 기술로 어머니 혼자 아기를 가질 수 있기 때문이리라. 기사대로라면 앞으로 100년 이내에 아버지는 불필요한 존재가 되고 여성도 가정주부라는 직업을 버리고 선택에 따라 어머니가 될 것이다.

좋은 사랑은 건강한 게임과 같다. 누가 누구를 이기는 것도 아니고 지는 것도 아닌 시소 게임 같은 것이 사랑이다. 그런데 그렇지 못한 사랑은 한편이 피해를 입고 있다는 생각을 품는다. 그런데 실제로 있지도 않은 피해를 전제로 사랑을 환상처럼 그릴 경우 그 사랑은 불안하고 아슬아슬하다. 사랑은 눈물의 씨앗이라는 노랫말에서 보여주는 사랑이 그렇다. 먼 훗날 당신이 나를 버리지 않을 것이라고 믿는 그 자체가 버림을 의식한 패배주의적 사랑이기 때문이다. 그런 사랑은 그야말로 어리디 어린 어리광의 매달림이라서 엄밀하게 말하면 사랑이 아니라고 할 수 있다.

왜 사랑은 건강한 게임이어야 하는가? 이런 질문에 답을 하려면 건강하지 못한 게임이 어떤 것인지 알 필요가 있다. 어떤 엄마는 장성한 아이에게 '너도 이제 어른이 되었으니 독립심을 길러라' 는 말을 자주한다. 그러면서 그 아들이 요구하는 것을 거절하지 못한다. 왜 그런가? 그 엄마는 맞벌이를 하면서 아들에게 잘해주지 못했다는 자책감과 후회를 갖고 있었다. 그러다 보니 말로는 독립을 말하고 심정으로는 이제라도 그때 못한 것을 해야겠다는 애착을 귀찮을 정도로 보이는 것이다. 그 엄마는 자신의 기본 감정을 지키기 위해 자신도 모르게 아들을 독립적이지 못하게 연출하고 있었다.

건강하지 않은 게임은 결말이 좋지 않은 행동을 자신도 모르게 하는 것이다. 그것은 자신의 비틀어진 상태를 고치지 못하고 그 힘을 상대방에게 작용시켜 욕망을 해소하려는 숨겨진 의도가 있는 행동을 하는 것이다.

부부 사이를 보면 서로 불쌍해서 살지만 겉으로는 웬수라는 말로 표현하면서 사는 사람도 많다. 오전 한나절을 부부가 서로를 비난하는 욕을 하면서 보내고 마실을 가서는 다른 이웃들을 험담하는 일로 오후 한나절을 보내는 사람도 있다. 그런데 신기한 것은 부부 중에 어느 한 쪽이 아프면 지극정성으로 간호를 하고 평소 험담을 했던 동네 사람이 궂은일을 겪으면 앞장서서 돕는다. 그런 사람들이 구사하는 행동은 별 할 일이 없다보니 괜히 만들어내는 게임의 일종인 것이다.

건강하지 못한 게임 같은 치사한 행동 없이 살 수 없을까? 얼마든지 그럴 수 있다. 그러나 사람은 누구나 자신의 약점이나 불쾌함을 남에게 미루려는 두더지를 마음속에 숨기고 있다. 연애를 하면서 '결국 당신은 나를 버리겠지요' 라는 말을 하는 것도 그런 예이고 기분 좋게 잘 놀고 돌아오는 차 안에서 아이들에게 '숙제하고 자야 돼!' 라는 말을 하는 것도 그렇다.

부부가 살면서 은근히 두더지를 내밀며 치사한 게임을 하는 경우는 의외로 많다. 친구 집들이에 가서 잘 먹고 술까지 마셔 아내에게 대리운전을 부탁한 마당에 남편은 헛소리를 한다. '그 친구 마누라 예뻐졌어!' 남의 마누라 예뻐졌다는 말에 가만히 듣고만 있는 여자는 드물다. '남편이 돈을 많이 벌어다 주니 그렇겠지요!' 아내가 그런 식으로 말할 때 남편은 과연 가만히 있을까? '이번에 집 살 때 장모가 반이나 보탰다는구먼' 이때 갑자기 아내의 핸들이 흔들리고 취한 김에 남편의 목소리가 커진다. '운전 잘 해!'

잘 먹고 잘 놀고 잘 마시고 돌아가는 차 안에서 부부가 서로 두더지를 내밀기 시작하다 보면 평생 쌓은 사랑이 30분도 안 되어 무너지는 사태가 생기기도 한다. 그만큼 두더지는 무서운 것이다.

두더지의 종류는 많다. 남에게 거절을 하지 못하는 지나친 동정심도 어쩔 수 없는 두더지의 일종이고 남의 성격을 비꼬지 않고는 직성이 풀리지 않는 것도 두더지의 일종이다. 교류분석에서는 그것을 마음속에 있는 협잡꾼이란 뜻으로 라켓이라고 표현한다.

사람인 이상 두더지를 소탕하고 사는 것은 불가능하다. 그래서 두더지가 내 마음속에 있다는 현실을 인정하고 평소 잘 훈련하여 때와 장소에 맞지 않게 나타나는 것을 조심하는 수밖에 없다. 그래서 사랑의 기술은 두더지를 잘 재우는 기술이라고 할 수 있다.

사랑은 눈물의 씨앗이 아니다. 만약 사랑을 눈물의 씨앗이라고 본다면 마음속의 두더지가 나와서 사랑을 갉아먹는다. 마음속의 두더지는 무의식 중에 어두운 한 측면인 그림자의 산물이다. 그림자는 무시한다고 없어지는 것도 아니다. 따라서 두더지를 인정하는 대신 달랠 수 있는 방법을 찾는 것이 중요하다.

콩쥐처럼 착해야 한다는 강박증에 시달리는 여성들이 많다. 그것도 그림자의 일종이다. '콩쥐가 돼야 해! 콩쥐처럼 살아야 하는데!' 하면서 고민하다 보면 그것도 두더지가 된다. 나는 콩쥐되기는 틀린 여자야, 그렇다고 해서 팥쥐는 아니야. 팥쥐처럼 살더라도 귀여운 팥쥐가 되고 싶어! 그것이 나의 길이야! 이런 식으로 자신을 솔직하게 인정하고 꾸밀 수 있는 사람이 더 건강한 행복표 사랑을 할 수 있다.

에고 그램 진단

중년이 되면 자신을 진단할 필요가 있다. 교류분석에 업적이 많은 듀세이는 에고 그램을 창안했는데 그는 에고를 비판적인 부모, 보호적인 부모, 합리적 어른, 자유로운 아이, 순종적인 아이 등 5가지로 나누었다. 그는 한 사람 속에 있는 5가지 에고를 측정하는 설문지를 개발했고 그것을 에고 그램이라고 불렀다. 에고 그램을 간단히 소개하면 다음과 같다.

1. 나는 규칙을 지키는 데 엄격한 편이다 O X

2. 예의나 습관을 아주 중시한다 O X

3. 나는 책임감이 강하다 O X

4. 남의 잘못을 보면 지적하는 경우가 많다 O X

5. 매사가 명확하지 않으면 불안하다 O X

6. 부탁을 받으면 대개 승낙한다 O X

7. 아이들을 자주 칭찬하는 편이다 O X

8. 다른 사람의 장점이 잘 보인다 O X

9. 남의 일을 돕는 것이 재미있다 O X

10. 여유가 생기면 입양을 하고 싶다   ○ ×

....

11. 나는 이성적인 편이다   ○ ×

12. 일을 능률적으로 처리한다   ○ ×

13. 평소 여러 가지 책을 읽는다   ○ ×

14. 육아나 교육에 대해 다른 사람의 의견을 듣는다   ○ ×

15. 어떤 일이라도 원인을 따져 결과를 예측한 다음 행동한다   ○ ×

....

16. 농담을 잘하는 편이다   ○ ×

17. 아이들의 장난이나 놀이에 관대하다   ○ ×

18. 캡이야! 죽이는데! 등 아이들이 하는 말을 쓴다   ○ ×

19. 별 뜻이 없더라도 아이들의 어깨를 두드려 줄 때가 많다   ○ ×

20. 아이와 함께 게임이나 오락 또는 영화를 즐긴다   ○ ×

....

21. 조심성이 많고 소극적이다   ○ ×

22. 남에게 잘 보이려고 노력을 한다   ○ ×

23. 행동을 하기 전에 남의 표정을 살핀다   ○ ×

24. 싫은 것을 싫다고 못하고 참을 때가 많다   ○ ×

25. 윗사람이나 아이의 비위를 맞추면서 사는 편이다   ○ ×

1번에서 5번까지는 비판적인 부모, 6번에서 10번까지는 보호적인 부모, 11번에서 15번까지는 합리적 어른, 16번에서 20번까지는 자유로운 아이, 21번에서 25번까지는 순종적인 아이에 해당하는 문항이다.

○에 체크한 문항마다 20점씩 매겨 100점 만점으로 5가지 에고를 집계해보자. 그렇게 하면 상대적인 에고의 비교가 가능하다. 일중독에 빠지기 쉬운 회사 관리자들은 비판적인 부모의 속성과 순종적인 아이의 속성이 상대적으로 강하다. 그런 사람은 목표 수준이 높고 무리를 해서라도 남에게 잘 보이려고 행동하기 때문에 남에 대한 배려가 부족하고 열등감에 쉽게 사로잡혀 스스로 스트레스를 만들면서 사는 경향이 있다.

에고 그램으로 나를 보면 전체의 균형을 위해 내가 길러야 할 생활습관을 알 수 있다. 이때 이제마의 사상을 통해 자신의 감정스타일을 알면 대인관계와 감정관리의 기술도 알 수 있다.

남자의 역할

현대인은 누구나 바쁘다. 왜 바쁘냐고 물으면 이유도 모르고 바쁜 경우가 많다. 현대인이 바쁜 이유는 먹고사는 것보다 더 중요한 일이 많이 늘어났기 때문이다. 인류가 굶주림에 허덕일 때는 배고픔을 극복하는 것이 급선무였다. 그러나 배고픔을 해결하고 나면 새로운 문제들과 직면하게 된다. 그래서 사람이 사람답게 살려고 할수록 바빠지는 것이다. 후진국은 부부가 놀아도 굶어죽지는 않는다. 중진국은 남편이 죽도록 일을 해야 산다. 그러나 선진국은 부부가 모두 일을 해야 사람답게 산다.

부부가 일하는 세상이 되면서 남자의 역할은 과거와 달라졌다. 남자의 일차 역할은 집에 식량을 가져오는 것이다. 다른 말로 하면 빵 배달을 잘해야 한다. 남자의 두 번째 역할은 낮에 하는 일 못지않게 밤일도 잘해야 한다. 그런데 현대 남성 중에 해외나 지방 출장이 잦은 사람은 아내와 충분한 사랑을 나누기 힘들다. 성생활이 원만하지 않은 것을 다른 말로 하면 우유 배달이 시원치 않은 것이다.

현대인은 정보의 홍수 속에서 산다. 그러면서 가장 소중한 사람들의 정보를 잊고 산다. 아내나 남편이 좋아하는 것이 무엇인지 모르고 서로의 감정을 열어 주고 격려하는 일에 인색한 것이다. 그래서 좋은 남편의 세 번째 조건은 아내나 자식들과 충분한 의사소통을 하는 것이다.

현대인은 활동 무대가 넓다. 그래서 멀리 떨어져 살더라도 충분한 대화를 나눠야 한다. 강교수는 아내 사랑으로 유명한 사람인데 아들이 독일에서 유소년부 축구 선수로 활동하는 바람에 1년을 부부가 별거한 적이 있다. 그런 가운데 매일 30분씩 통화를 나누면서 지냈다고 한다. 보통 사람은 매일 그만 한 대화를 할 소재거리마저 궁할 텐데 참으로 감탄스럽다.

관심을 갖고 대화를 나누는 남편을 다른 말로 하면 편지 배달을 잘하는 사람이라고 할 수 있다. 그런데 빵 배달, 우유 배달, 편지 배달만으로 남자의 역할이 끝나지 않는다. 남자가 해야 할 역할 중에 이웃과 미래를 교감하며 성장하고 발전하는 영적인 능력 발휘도 중요하다.

현대 부부는 그 형태가 다양하다. 부부이면서 같이 살지도 않는 경우도 많기 때문이다. 내 친구 중 한 명은 아내는 호주에서 교수를 하고 아들은 미국에서 학교를 다니고 자신은 한국에서 사는 사람도 있다. 각자의 스케줄을 조정해 가족이 일 년에 만날 수 있는 날은 두 달이 채 되지 않는다. 이 경우 부부생활이 잘 유지되는 비결은 서로의 영혼을 살찌우기 때문이다.

친구들과 함께 술을 먹다가 우연히 인생의 고달픔에 대해 늘어놓은 적이 있다. 말하는 사람들 각자의 사연이 기구했는데 맨 나중에 말한 친구의 고백이 가장 인상적이었다.

"야! 너희들 인생이 고달프다고 하지만 나는 말야 갑자기 아프거나 죽어도 누구 하나 알아서 챙겨 줄 사람도 없어. 내가 죽어도 아무도 모를 수 있다니까."

그렇게 절규하듯이 고백한 친구는 아내와 자식을 미국에 보낸 기러기 아빠였다. 기러기 아빠가 아니라도 요즘 젊은 부부 중에는 시작부터 별거 부부로 출발하는 사람도 있다. 서로 자기 일을 사랑하다 보니 활동 무대가 다르기 때문이다. 한국의 광고회사에서 일하는 한 여성은 일본인 남자와 결혼했는데 그는 일본에서 영화감독을 하고 있다. 그렇듯이 요즘 마흔 살 전후에 결혼을 하는 전문 여성들이 원하는 파트너는 소울메이트 즉, 영혼의 동반자라고 한다.

남자가 시대와 맞추어 사는 일은 쉽지 않다. 빵 배달, 우유 배달, 편지 배달, 영혼 배달을 조화롭게 하는 것이 쉽지 않기 때문이다. 이런 시대에 가부장적인 남편은 살기가 이만저만 힘든

것이 아니다. 나 역시 그런 어려움을 겪다 보니 남다른 갈등 관
리를 해야 했다.

어머님의 숙제 풀기

처음으로 아파트를 사서 이사를 가자 어머님은 전에 하시지 않
던 말씀을 하셨다.

"세 아들 중에 한 자식만 대학에 못 보냈으니……. 세상에
노동자만큼 불쌍한 사람이 어디 있겠니? 둘째만 생각하면 불쌍
해서……."

그렇지 않아도 나는 동생에 대한 미안함과 고마움이 있었다.
내가 대학을 다니는 동안 동생은 공장에 다니면서 생계를 책임
졌었다. 그러니 어찌 모른 체 하겠는가? 아파트를 담보로 융자
를 내어 시골에 사는 동생에게 아파트 한 채를 사주었다.

동생에게 아파트를 사주고 나자 어머님은 전에 하시지 않던
말씀을 자주 하셨다. "막내도 서른을 넘겼는데……?" 어머님
의 말씀이 안개처럼 퍼지면서 주파수 맞추기를 시도한다. 그러
다가 내가 관심을 보이면 주파수가 통한다. 주파수가 통하면 드
라마 대사가 전개된다. 그런 대사는 오랫동안 준비된 것이라 기
다렸다는 듯이 펼쳐졌다. 막내가 서른을 넘겼다는 말은 장가보
내면 좋겠다는 뜻이었는데 내가 관심을 보이자 곧바로 드라마

대사가 펼쳐졌다.

"장가를 보내야 한을 풀 텐데……."

신혼 시절 여동생을 시집보낼 때도 어머님은 그런 식으로 드라마 한 편을 쓰셨다.

"하나뿐인 딸을 시집보내야 눈을 편히 감을 텐데……."

놀라지 않을 수 없었다. 왜냐하면 그때 어머님은 눈을 감고 돌아가실 연세가 아니었기 때문이다. 왜 세상의 어머님들은 과장법 속에서 살까? 한풀이를 위해 살 수도 있지만 중요한 것은 이성이다. 그러나 그것은 나의 생각일 뿐 어머님의 말씀 습관을 바꿀 수 없었다. 한풀이를 듣지 않는 방법은 무엇인가? 그것은 어머님 요구대로 일을 처리하는 것이다. 그래서 나는 막내 동생 문제도 시원하게 해결했다. 강남의 최고급 예식장에서 결혼식을 올려주는 것으로.

'드디어 내 마음도 가벼워졌구나!'

그런 생각이 들 무렵 어머님은 이런저런 어리광을 부리기 시작했다. TV에서 무슨 치료법을 보면 얘기를 했고 용한 의사가 있다는 소문을 들으면 말씀을 했다. 나는 여러 군데 명의를 찾았고 한약도 지었다. 치아를 치료할 때도 비싸지만 최고로 잘한다는 곳을 골라서 했다. 나중에 뒷말을 듣지 않기 위해서였다.

이 땅의 어머님들은 왜 그렇게 눈물이 많은가? 그 사정을 충분히 알면서도 우리나라 여성에게 유별난 슬픔 제조 유전자가 있는 것이 아닌지 궁금할 때도 있다. 너무나 빤한 얘기지만 혹시 다른 어머니는 어떨까 싶어서 이윤택이 연출한 〈어머니〉란 연극을 같이 가서 보기도 했다. 옛날 드라마에서 본 똑순이가 주연으로 나왔다고 어머님이 아주 좋아하셨다.

어느 날은 집 근처의 롯데월드를 물끄러미 바라보시는 어머님을 보자 출근을 포기한 채 바이킹을 타기도 했다. 지금 안타면 영원히 타지 못할 것 같아서 60세 이상 못 탄다는 직원에게 거짓말을 하기도 했다.

"여보세요! 사람 똑바로 보세요. 쉰아홉입니다."

나는 효도를 인정하지 않는다. 중국의 장자는 집안에 효자가 있어서는 안 되고 나라에 충신이 있어도 곤란하다고 했다. 부모님이 아플 때 효자가 생기고 나라가 위기에 빠져야 충신이 생기기 때문이다. 효자나 충신은 애당초 있어서는 안 될 사람이 생긴 것이니 나쁜 상황을 가상한 허구의 산물이라는 것이 장자의 주장이었다. 나는 그 말이 옳다고 박수를 치는 사람이다.

어머님과 함께 여러 병원을 돌아다닐 때였다. 어머님이 비용을 염려하셨을 때 나는 이렇게 말씀드렸다.

"제가 이렇게 하는 것은 어머님을 위해서가 아니라 저를 위해서예요. 제가 얼마나 바쁜 사람입니까? 이렇게 미리미리 돈을 써서 예방을 해야 나중에 더 크게 신경을 쓰거나 돈 쓸 일이 없지 않겠어요?"

줄다리기

"당신에게 나는 어떤 사람인가요?"

동생에게 집을 사주고 막내를 결혼시키는 동안 나는 그런 질문에 시달려야 했다. 틈이 날 때미다 아내는 그렇게 물었는데 그 대답은 나도 몰랐다. 아내는 안개였다. 아내가 직장을 고집할 때 들었던 말도 깊이를 짐작할 수 없는 짙은 안개 속에서 나온 소리었다. 안개 속에서는 과거를 알 수 없는 만큼 미래도 투명하지 않았다. 어쩌면 안개 자체가 시간의 흐름을 거부하는 몸짓인지도 모른다.

시골의 동생이 새 아파트로 입주하면서 만사가 잘 풀리는 것 같았다. 그런데 얼마 되지 않아 어머님이 그쪽 살림에 관심을 집중하시면서 엉뚱한 문제가 생겼다. 전세금과 서울에서 보태준 돈을 합치면 아파트 값을 제하고도 남는데 그 돈을 제수씨가 친정으로 빼돌렸다는 것이다. 왜 이러실까? 알 수 없는 두려움이 먹구름처럼 밀려오면서 온몸의 신경세포가 긴장했다.

제수씨에 관한 험담이 시작되었다. 늘 들어도 똑같은 얘기, 들으나 마나 한 얘기, 누가 옳고 그르냐가 필요 없는 얘기를 밥상머리에서 3년 이상 들었다. 그럴 때마다 내가 하는 말은 언제나 똑같았다.

"어머님! 두 사람이 잘 살면 됩니다. 설령 제수씨가 친정을 도왔다고 하더라도 나쁜 일이 아닙니다. 그 집 살림은 잊으세요. 지금 어머님은 누구와 함께 삽니까? 함께 사는 집에 문제가 없으면 행복하게 여기세요. 그런 걱정을 하실 시간이 있다면 노인대학이라도 다니시며 무언가 배우세요. 이제 어머님도 자신의 인생을 즐기셔야 해요. 돈이 필요하다면 빚이라도 내서 대드리겠습니다.”

어머님은 당신 말을 들어주지 않는 나를 원망했고 제수씨에게 쥐어 산다며 동생을 한탄하기도 했다.

“아이고! 불쌍한 놈! 피땀 흘려 번 돈을 마누라한테 뺏기고 사는 자식!”

똑같은 말을 3년 이상 듣고도 머리가 아프지 않을 사람이 있을까? 나는 어머님이 제수씨 얘기를 꺼낼 때마다 ‘제발! 좀 그만 하시라니까요’를 거듭해야 했다.

제발 좀! 애원마저 통하지 않자 ‘도대체 나는 누구인가?’ 하는 생각이 엄습했다. 그러고 보니 나는 안개 속의 남자였다. 영화 제목처럼 멋있어 보이는 말이지만 그 남자의 외로움은 깊고 막막했다. 도대체 안개의 정체는 무엇이기에 이토록 벗어나기가 힘이 든단 말인가? 나는 곤충처럼 긴 더듬이를 내밀어 어디엔가 있을 태양의 빛과 교신하고 싶었는데 마침내 칼을 뽑아야 할 날이 오고야 말았다.

“아니? 고년이 귀신을 속이지 나를 속이려 들어?”

수도 없이 들었던 얘기를 또 하셨다. 그때 나는 숟가락을 놓고 조용하게 말했다.

“어머님! 하루 빨리 돌아가세요. 그래야 모든 사람들이 편안해집니다.”

남미에는 이구아나라는 도마뱀이 산다. 찬란하고 영롱한 색체가 보는 사람들로 하여금 잡고 싶은 욕망을 일으킨다. 그러나 그것을 잡아 손에 넣는 순간 영롱함은 사라지고 흙빛이 된다. 그렇듯이 세상의 모든 관계는 아름답게 보이는 거리가 있다. 아무리 아름다운 사람이라도 가까이서 살다 보면 실망하는 경우가 있는데 나에게는 어머님이 그랬다.

돌아가시라는 말에 어머님은 놀란 나머지 눈을 크게 뜨고 입을 벌린 채 나를 물끄러미 바라보고 계셨다. 그때 어머님의 손을 잡고 이런 말씀을 드렸다.

“어머님은 동생 문제가 크겠지만 저는 직장에서 더 큰 문제를 겪어요. 그리고 어머님이 무슨 말씀을 해도 그 일은 해결될 수 없는 거예요. 세상에는 안 되는 일도 있고 세월만이 풀 수 있는 일도 있어요. 그런 일을 자꾸 말씀하시면 저 죽습니다. 자식 먼저 죽는 것 보고 싶지 않으시면 동생 일을 잊으시거나 삭히세요. 지금 어머님은 누구와 함께 삽니까? 천 리 먼 곳에 있는 자식 걱정을 만들어 하면서 코앞에 있는 자식 죽일 겁니까?”

아내와 아파트

한때 아내는 고부 갈등 때문에 힘들어서 죽을 것 같다고 호소한 적도 있었다. 그러나 무슨 방법이 없었다. 어머님 역시 '아이고! 죽겠다'는 말씀을 입에 달고 사셨다. 하기 싫은 일을 하고 나니 몸이 고달프셨던 것이다. "어머님! 일을 덜 하시고 죽겠다는 말씀을 하지 마세요"라고 하면 "눈으로 보고 어떻게 안 하느냐?"고 되레 성화를 부리셨다.

고부 갈등을 생각하면 아내를 충분히 이해할 수 있었다. 내가 며느리라도 함께 살 수 없다고 판단할 정도였다. 그런데 마땅한 해법이 없었다. 기껏해야 방학 때마다 아내와 함께 여행을 하는 것으로 현실을 잠시 잊는 거였다.

한국에 살면서 좀처럼 볼 수 없었던 무지개를 이국에서 볼 수 있었다. 몇 년 전 파리에서 본 쌍무지개는 20대 중반에 읽었던 소설 『개선문』의 주인공 라비크를 떠올리게 했다. 마흔 살 무렵의 주인공 라비크는 밀입국자 신분으로 파리에 숨어사는 형편이다. 한때 잘나가는 의사였던 그는 남이 하지 못하는 수술을 대신하며 생계를 이어간다. 그러면서 그는 복수를 위해 자신을 고문했던 사람을 찾아 헤맨다. 그런 그가 절망에 질식당하지 않으려고 즐겨 마시는 술이 있는데 그것이 바로 칼바도스였다.

레마르크라는 작가는 라비크를 통해 무엇을 보여주려고 했을까? 삶의 조건이 부당하게 일그러졌을 때 인간은 이를 악물고 결연하게 저항한다는 것일까? 쌍무지개를 보면서 나는 1940년대의 마흔 살 남자 라비크와 오십을 넘긴 2000년대의 나를 비교해 보았다. '지금 나는 라비크만큼 뚜렷한 삶의 목적을 갖고 있는가?'

20대 시절 내 마음은 라비크가 방황하던 파리의 밤안개와 같았다. 유신독재라는 암울한 시대를 살고 있었으니까. 파리에서 쌍무지개를 보면서 문득 이런 의문이 들었다. '지난 20여 년은 나에게 무슨 의미가 있었을까?' 아무래도 칼바도스를 마시면서 의문을 풀어야 할 것 같았다.

칼바도스는 노르망디에서 나는 사과로 만든 술이라서 도수는 높지만 감미로웠고 그 색깔은 진한 핏빛이었다. 그 색깔을 보면서 라비크가 꿈꾼 구원을 떠올리니 눈물이 맺혔다. 라비크 못지않게 파란만장했던 과거가 떠올랐기 때문이다. 우리는 가난한 시대에 투사처럼 열심히 살았지만 행복한 사람은 그리 많지 않았다. 어떻게 살아야 무지개처럼 행복한 것일까? 그런 의문이 들면서 칼바도스를 거푸 마셨다.

라비크는 절망 속에서 사랑의 끈을 놓치지 않으려고 했다. 조앙 마두! 그는 그녀와의 첫 만남에서 칼바도스를 마셨다. 술을 살 때 나는 아내에게 칼바도스를 같이 마시자고 했지만 당신은 이미 잠자리에 들었다. 아내는 건강이 좋지 않았다. 게다가 고부 갈등을 겪으며 사니 마음도 편치 않을 것이다. 답답하고 아쉬운 마음에 한 번 더 칼바도스를 들이켰다. 잠들어 있을 아내의 꿈속에는 쌍무지개가 뜨고 있을까?

그러나 고부 갈등은 여행으로 해소될 일이 아니었다. 좀 뜸하다 싶을 때마다 나는 이런 말을 들어야 했다.

"여보! 지금 사는 아파트를 팔아서라도 집을 두 개로 나눕시다. 저 따로 나가 살고 싶어요!"

그때 나는 이런 말이 나왔다.

"참 편리한 사람이구먼 당신!"

남자에게 집 한 채는 운명과 같다. 어떻게 마련한 집인데 그것을 판단 말인가! 1980년대 초반 주택청약부금을 들어 0순위가 될 즈음이었다. 그때 정부에서 주택청약예금이란 제도를 만들어 누구나 6개월만 지나면 0순위 자격을 주었다. 그때 나는 골인 지점에 들어선 순간이었는데 아슬아슬한 시차로 바뀐 제도 때문에 밀려나야 했다. '잠깐! 룰이 바뀌었습니다. 다시 100미터를 더 뛰셔야 합니다'라는 말을 듣는 것처럼 허무했다.

그런 일이 있고 나서 몇 년 뒤 나는 아파트 분양 현장에서 이색적인 경험을 했다. 분양 현장에 가보면 넥타이 맨 사람이 매우 드물다. 반 정도가 아줌마들이고 나머지 반은 복덕방 남자들이다. 회사에서 나는 일 잘하는 엘리트 직원이었지만 분양 현장에 가면 꾸어다 놓은 보릿자루처럼 바보가 된다. 복덕방 남자들은 아파트를 분양받았다고 여겨지는 사람들에게 "전매하실 거죠? 잘해드릴 테니 저에게 파세요."라고 했다. 나에게도 몇 사람이나 다가와 그런 말을 하기에 나는 실수요자라고 하면서 그들의 말에 대꾸를 하지 않았다. 그런데 어떤 사람은 계속 따라와 되팔라고 유혹했다. 귀찮아진 나는 그 사람에게 이렇게 물었다.

"당신들 이래도 되는 거요?"

그때 뜻밖의 말을 들었다. 그 사람이 고개를 바짝 쳐들면서 나를 벌레 보듯이 내려다보는 눈으로 이렇게 말했기 때문이다.

"당신! 자본주의가 뭔지 알아?"

1988년까지 나는 무주택자를 면해 보려고 아파트 분양 장소를 기웃거렸다. 지금은 어떤지 모르지만 그때는 아파트를 분양할 때 예비 당첨자를 100% 더 뽑았다. 복덕방 사람들이 남의 통장으로 아파트를 분양받고는 동·호수가 안 좋은 것은 포기했기 때문에 남는 아파트를 팔기 위해서였다. 어느 날 남는 아파트를 추첨받을 수 있는 예비 당첨자 100번에 뽑힌 적이 있었다. 분양 사무소에서 나오라고 해서 점심을 굶고 무려 4시간을 줄을 서서 기다렸는데 바로 앞에 선 사람에서 추첨이 끝나는 것이 아닌가! 허탈하기도 했지만 누군가로부터 놀림을 당하는 것 같아서 괴로웠다.

1988년 10월 아파트 분양 광고를 보고 팸플릿을 받은 적이 있다. 그것을 보며 온갖 상상의 날개를 펼쳤지만 채권 금액을 떠올리자 눈앞이 캄캄했다. 지난번에 예비 당첨자가 되었다가 허탕만 친 생각이 났던 것이다. 그러자 갑자기 오기가 발동하면서 '에라! 더 이상 채권 놀음에 끼기 싫다'는 생각으로 팸플릿을 길가의 쓰레기통에 던져 버렸다. 참 시원했다. 그러고 나서 한 500미터쯤 갔을까? 등 뒤에서 누군가 속삭였다.

'그래도 아파트가 있어야 하지 않겠니? 이번에 잘하면 될지도 몰라!'

내가 버렸던 팸플릿이 나를 부르는 것처럼 등이 근질근질했다. 결국 나는 되돌아가서 쓰레기통을 뒤져 팸플릿을 찾고는 길가에 주저앉아 담배를 물었다. 때는 바야흐로 가을이라 하늘은 한없이 푸른데 눈가에는 저절로 눈물이 맺혔다. 쓰레기통을 뒤진 내가 무슨 부끄러움을 느낄 겨를도 없었다. 노조 활동에 빠진 직원들을 독려하며 일을 하던 나는 회사에서는 자본가의 앞잡이란 소리를 듣고 아파트 분양 현장에서는 자본주의가 뭔지 아느냐는 말을 들어야 했으니 이래저래 억울하고 답답해서 눈물이 나올 만도 했다. 그런데 신기하게도 그 아파트를 분양받을 줄이야!

아파트에 당첨이 되고 나서 건설 현장에 여러 번 갔다. 한 달에 한 번 이상 현장을 가지 않으면 그곳이 지구에서 증발할 것 같았는데 갈 때마다 조금씩 꿈이 영그는 재미도 빠뜨릴 수 없는 이유가 되었다. 기초공사를 하고 골조를 세우고 1층, 2층 올라가는 모습이 마술 같았다. 그때의 설렘이란……

그런데 아파트로 이사를 가고 나서 뜻밖의 문제가 생겼다. 집이 없을 때는 내 집만 있으면 무슨 걱정거리가 있으랴 싶었다. 그러나 내 아파트를 갖는 순간 예상치 못한 배반을 느꼈다. 엘리베이터를 타고 내가 사는 층의 번호를 누르고 초인종을 누르면서 사는 동안 누군가가 만든 각본 속에 실험 당한다는 수치심이 생긴 것이다.

'이제 잘난 너도 자본주의의 충직한 종이 되었으니 나의 룰을 따를지어다.'

그렇게 누군가 나를 조롱하는 것 같았다. 답답한 일은 아침마다 벌어졌다. 자고 일어나 거실에서 창문을 열면 맞은 편 동에서 누군가 일어나서 움직이는 사람들이 보였다. 거울이 따로 필요 없을 정도로 그 사람들 역시 나처럼 길들여지고 있는 사람이었다. 매일 아침 그런 장면을 보는 것은 숨이 막혔고 나중에는 무슨 고문처럼 느껴졌다.

세상 재미는 지지고 볶고 부대끼며 사는 것이다. 그것이 서로에게 피해를 주고 상처를 주고 하는 문제는 나중의 일이다. 그런데 아파트에 살게 되니 다른 사람과의 만남이 없었다. 아파트는 모든 것이 깔끔해서 늘 포르말린 냄새가 나는 실험실 같았다. 한마디로 아파트는 내가 살 곳이 아니었다. 그토록 떠나고 싶었던 달동네에는 그래도 사람 냄새가 있었는데…….

밤이면 피리를 부는 안마사, 새벽에 출근하는 시장 상인, 그 시간에 퇴근하는 미스 거시기 등 많은 사람이 살았다. 기가 막힌 것은 TV 안테나 선이었다. 거미줄처럼 얽히다 보니 남의 집 선인지 우리 집 선인지 엉뚱하게 이어져 지지직거려도 신통하게 싸움 한 번 없었다. 두 칸밖에 없는 화장실도 서로 알아서 조절하며 보고 청소도 돌아가며 골고루 했는데 그렇게 훌륭한 민

주주의가 없었다. 어쩌다 편지가 오면 아무개 씨 사시나요 하며 우체부 아저씨가 우왕좌왕 했지만 우리가 이사를 가던 날 교도관 아저씨, 택시기사, 학원 경리 아가씨, 미싱사 총각, 파출부 하는 충청도 아줌마 모두들 하나같이 이삿짐을 들어주며 눈물을 훔쳤다.

가족의 재구성

군대에 간 아이 둘이 전역을 하고 돌아오자 갑자기 집안이 시끄러워졌다. 아직도 정정하신 어머님이 서른 살에 가까운 손자 녀석들을 어린아이처럼 나무라면서 깜짝깜짝 놀라게 했고 녀석들도 할머니의 꾸중을 부담스럽게 여겼다. 몸이 약한 아내도 시어머님의 쩌렁쩌렁한 목소리에 위축되어 얼굴을 찡그리는 날이 많아져서 뭔가 변화가 필요하다는 조짐이 집안에 퍼지고 있었다.

2006년의 여름은 아주 더웠다. 더운 여름날 원고와 낑낑거리다가 새벽에 겨우 잠이 들었는데 뇌를 내리찍는 듯한 소리가 잠결에 들렸다. 짜증을 내며 깨어보니 아내가 돗자리에 솔질을 하는 소리였다. 여보! 당신마저……. 정신이 하나도 없었다. 잠을 설친 나는 거실로 나와 정신을 수습하려고 했다. 마침 어머님이 부엌으로 나오시더니 무슨 일을 하려고 수돗물을 트는데 그 소리마저 뇌를 아프게 할 정도였다.

“어머님! 저 잠을 설쳐 머리가 아프니 좀 있다가 나중에 일을 하세요!”

어머님은 알았노라고 하시며 방으로 들어가셨다. 그러고 나서 얼마 뒤 어머님이 나오시더니 이번에는 베란다에서 무슨 일을 하시면서 소리를 내셨다.

“어머님! 저 아프다고 했잖아요? 나중에 일 좀 하시면 안 되나요?”

그때 어머님은 알았다고 하시면서 마무리를 하듯이 타일 바닥을 솔로 벅벅 문지르셨다. 순간 나는 머리가 깨질 것 같아서 나도 모르게 고함이 나오고 말았다.

“왜 우리집 여자들은 남자가 아프다는데도 믿지 않는 거야!”

고함을 지르고 보니 이왕 화를 낸 바에야 아예 어리광을 부려보자는 심보가 생겨 고래고래 고함을 질렀다. 그동안 아프다는 시늉도 내지 않고 위대한 전사처럼 살았던 지난날들의 뒤켠에 초라한 모습으로 울고 있는 아이를 보았다. 그것은 바로 내가 억압했던 또 하나의 내 모습이었다.

치사하기 짝이 없었지만 나는 비로소 자신이 한없이 약한 사람이었다는 것을 인정해야 했다. 그동안 나는 아내의 고통을 외면했었다. 그러나 내가 아픔을 겪자 아파트고 뭐고 간에 팔아치워서 따로 떨어져 사는 게 나을 것 같았다.

두 여자와 함께 사는 남자는 일상에서 쉽게 할 수 있는 말도 하기 어렵다. 예를 들어 어떤 음식이 맛있다는 말도 그렇다.

"그래! 맛있제! 노량진 수산시장에서 두 마리에 만 원 달라는 것을 한 마리 더 얹어서 사왔다 아이가! 싱싱한데다 제철에 먹으니까 맛이 좋지 않겄나……."

이런 경우는 어머님이 직접 만드신 음식일 때 듣는 반응이다. 그런데 도무지 알아들을 수 없는 전혀 엉뚱한 반응을 들을 때가 있다.

"슈비! 슈비! 슈비! 슈비!"

마침내 집을 팔기로 했다. 그 순간 툭툭 털고 들어오고 싶다던 대야미가 떠올랐다. 어머님과 내가 대야미로 이사를 가기로 했다. 나도 살고 싶었고 아내도 아이들과 함께 조용히 살게 해주고 싶었기 때문이다. 세상을 살다 보면 신기한 일도 다 있다. 남녀가 사랑해 결혼을 할 때는 되는 일이 하나도 없을 만큼 매사에 장애물이 많았는데 부부가 헤어지기로 하니 만사가 일사천리로 진행되었다. 집을 내놓으니 금방 팔렸고 대야미의 복덕방을 찾으니 전세방이 기다리고 있는 것처럼 나타났다. 마치 따로 살라는 신의 각본이 미리 준비되어 있는 것 같았다.

한 가족이 분리되면서 오히려 가족의 중요성을 깨달을 수 있었다. 큰아이가 어머님과 나에게 건강검진을 받게 해준 것이다. 미움만 쌓여 무심했던 아내는 아들의 행동에 감동을 받았고 검진 결과 모두 아무 탈이 없어서 즐거운 기분으로 새로운 출발을 할 수 있었다.

　서울과 대야미 사이에 관악산과 수리산이란 두 개의 산이 있다. 두 산으로 걸러진 상큼한 공기를 쐬면서 출근하는 서울은 어안렌즈 속에 담겨진 요술 풍경이 된다. 그 기분은 내가 마술사처럼 도시를 소유하는 흐뭇함이었다. 그렇구나! 어디에서 어떻게 보느냐에 따라 인생도 달라질 수 있는 것이구나!

　남들은 집을 사려고 안달인 시대에 나는 왜 집을 팔고 대야미 구석으로 찾아왔는가? 나는 거지로 살더라도 자신에게 솔직하고 싶었다. 더 이상 강한 싸나이라는 가면을 쓰고 살고 싶지 않았고 유능 콤플렉스에 시달리기도 싫었다. 허구를 떠나보내야 진실을 만난다. 그런 마음을 가지니 오랫동안 갑갑하게 여겼던 가면을 벗어 던진 것처럼 아주 시원했다. 어느새 내 마음은 중년의 방황과 번뇌를 날려 보내는 바람을 타고 민들레 홀씨처럼 날고 있었다.

　'날자! 날자꾸나! 드디어 나는 떠나는 거야'

4장
날렵한. 플레이. 전개.

상식을 넘어서

고부 갈등으로 별거를 한다는 소식을 들은 사람들의 반응은 여러 가지였다. 평소 노부모와 함께 사는 어떤 사람은 우리를 아주 부러워했다. 부모와 함께 사는 동안 부부가 애틋한 감정을 교환하지 못하고 살았는데 이제 와서 따로 살 수도 없고 앞으로도 그렇게 살 생각을 하면 아찔한데 차라리 부부가 별거하는 것이 얼마나 신나겠냐며 부러워했다. 어떤 친구는 자존심 강한 서 박사가 고부 갈등에 시달리다가 별거를 택할 때 남의 이목이 얼마나 떠올랐을까 하는 말도 했다.

모두 맞는 말이다. 나는 별거라는 선택을 하면서 하나의 결정이 세 사람을 기쁘게 할 수 있다는 것이 신기했다. 대야미에 처음 간 날 나는 대야미가 나를 부르고 있다는 것을 알았다. 그러나 그 부르심을 따를 수 없었다. 부르심을 따르자니 체면이 울고 체면을 살리자니 몸과 마음이 고달팠다. 그러다가 무거운 짐을 풀듯이 부르심을 택했다. 내가 대야미로 온 것은 중년의 흔들림을 끝맺는 완성이었고 작가로서 제대로 된 글을 쓰겠다는 칼을 뽑는 새로운 시작이었다.

대야미로 이사를 가기 전에는 거실 바닥에 엎드려 뱀처럼 기어가듯이 글을 써야 했다. 그때 '서재가 있었으면' 하는 생각을 했었다. 그런데 대야미에 살다 보니 그런 문제가 저절로 해결되었다. 이사를 하고 나니 세상이 달라졌다. 서로 싸울 상대방이 없으니 조용해진 것이다.

어머님은 간섭할 사람이 없으니 표정도 밝아지셨다. 아내는 결혼 후 처음으로 아늑한 평화를 누린다고 했다. 아들도 나와 할머니가 집을 비우자 소파에 앉아 편히 쉴 수 있어서 좋다고 했다. 나는 항상 거실에서 책을 읽거나 글을 썼는데 그것이 온 식구를 긴장시켰다는 걸 뒤늦게 깨달은 것이다.

대야미는 살아 있는 전원이었다. 글을 쓰다가 잘 풀리지 않을 때 슬리퍼를 신고 문밖을 나서면 눈에 보이는 것 모두가 자연의 은총이었다. 자연의 은총 속에서 나는 새로운 교감의 문을 열었다. 세상에 생명만큼 신비한 것이 있을까? 나는 발길 닿는 대로 대야미의 산과 들을 거닐면서 그런 생각을 많이 한다.

걷다 보면 어떤 의문과 고통도 눈 녹듯이 사라진다. 즐겁게 노래하는 새소리 때문이다. 새는 무엇이 좋아 늘 그렇게 노래하며 살까? 엄청난 고민을 품고 산보를 시작했던 나는 새들끼리 주고받는 노래에 귀를 기울이게 된다. 길에서 잠시 쉬면서 가만히 들어 보면 새들의 노래에도 리듬과 내용이 있다. 어느 한 새는 의문문으로 노래하고 다른 새는 느낌표로 노래한다.

나는 새소리를 들으면서 내가 새보다 나은 것이 무엇이 있는가 의문을 품어 보았다. 그리고 내가 그동안 분류했던 기준을 무너뜨려버리고 새롭게 생각하기 시작했다. 사람들은 쉽게 애완견이란 말을 한다. 그 말은 강난감처럼 쉽게 가지고 놀 수 있는 개라는 뜻이다. 그렇다면 실제로 그런 개들은 자신들을 애완견으로 불러달라고 했을까?

이제는 바르게 살 때

한국인의 상식은 평등이다. 미국이나 일본 사람을 말할 때 양놈이나 왜놈이란 표현을 하는 사람도 있다. 그 뿌리는 중국 사람들을 땟놈이라고 부른 것에서 찾아 볼 수 있다. 땟놈이란 대국 놈이란 뜻이다. 그러나 우리와 별 상관이 없거나 약한 나라 사람들을 부를 때 표현이 부드러워진다. 인도 사람, 월남 사람이라고 하는 것이다. 평등과 정의는 윗사람을 칭할 때도 적용된다. '윗대가리들이 아랫사람들 사정을 알겠어?' 라는 식으로 리더를 대가리라고 비하하는 것이다.

지나친 평등 욕구가 난무하는 직장을 보면 그 기준이 제멋대로다. 특히 보수를 가지고 말할 때 그렇다. 왜 우리는 대기업보다 봉급이 적느냐는 식이다. '대기업만큼 일을 합니까?' 하고 물으면 대답을 하지 못한다. 대기업에 다녀 본 경험도 없고 대기업의 직원 선발 기준도 모르는 사람들이 그런 식의 표현을 쉽게 하는 것은 자신이 무슨 일을 하기 위해 왜 이 직장을 선택했는지에 대한 의문만 증폭시킬 뿐이다.

평등 욕구를 시도 때도 없이 주장하면 직업정신을 손상시킬 수 있다. 평소 자신은 학문을 위해 평생을 바치겠다고 말하던 사람이 교수가 된 지 3년도 안 되어 대기업 대리보다 안 되는 박봉을 받고 산다며 엄살을 피운다. 그러면 지금이라도 대기업을 들어가면 되지 않느냐고 하면 대답을 못하고 얼버무린다.

평등 욕구가 모두 나쁜 것은 아니다. 너만 잘났냐, 나도 잘났다는 도전의식을 북돋기 때문이다. 대학 시절, 지식인들이 거론하는 문제로 5대 병폐라는 것이 있었다. 그런 것들은 존중해서는 안될 것 다섯 가지로 공사 비구분주의, 단기성과 존중주의, 적당요령 존중주의, 비전문가 존중주의, 형식 존중주의다.

아무리 나쁜 것이라도 강점이 발휘될 때가 있다. 공사 비구분주의는 한솥밥을 먹는 한 식구 의식을 고양시켜 단결심의 뿌리가 되었고 단기성과 존중주의는 빠른 변신과 한발 앞서는 모델 개발의 원동력이 되지 않았는가! 적당요령도 변화하는 환경에 대응하는 순발력이 되었다. 그렇듯이 비전문가 존중주의도 제대로 배우지 못한 열악한 조건에서 이것저것 방법을 시도해 보는 창조력의 온상이 되었다. 형식 존중주의도 국제경쟁력을 갖추려는 모양 갖추기 역할도 했지 않은가!

지식인이 지적했던 병폐들이 오히려 오늘의 한국을 만든 원동력이 되었다. 그렇다면 그 힘은 무엇일까? 그것은 어떤 악조건 속에서도 반드시 해내고야 말겠다는 불뚝 기질이라고 할 수 있다. 불뚝이란 말은 갑자기 솟아오르는 기질인데 거기에는 넓은 초원에서 말을 타고 달리는 자유정신이 있다. 그래서 '맨 땅에 헤딩한다'거나 '못 먹어도 고'라고 하는 말을 무조건 비판하면 곤란하다. 그것이 곧 벤처정신과도 통하기 때문이다. 그러나 불뚝 기질과 벤처정신이 무조건 고! 라는 행동으로 연결되면 무당기질이 넘치게 된다. 이제 우리에게는 겸손한 마음으로 절차를 따지는 여유가 필요하다.

한국인은 오랜 세월의 억압 때문에 적당 수준에서 만족하기보다 피박에 흔들고 쓰리고까지 나가야 직성이 풀리는 성향이 있는데 그렇게 미친 듯이 질주하는 열정의 뿌리에 무당기질이 있다. 머리로 따져서 순서를 잡아서 일하는 데 익숙한 것이 아니라 먼저 저질러 놓고 보는 기질이 있는 것이다.

한국인은 만주 벌판을 말을 타고 다녔던 기질이 있어 작고 좁은 것과 느린 것을 답답하게 여긴다. 그래서 말이라도 크고 거창한 것을 좋아한다. 작은 연립 주택을 궁전빌라라고 하거나 캐슬이라고 하는 것도 그런 기질과 통한다. 시골의 작은 다리도 대교라고 하는데 서울에만 해도 대교가 몇 개나 되는지 모를 정도다. 큰 것을 왕건이라고 하고 초보도 그냥 초보가 아니라 왕초보라고 한다. 큰 것을 좋아하는 기질에 전통을 숭상하는 기질이 더해 원조를 강조하고 진짜 원조 왕할머니 보쌈을 먹으면 뭔가 그럴 듯한 기분이 든다.

선진국을 향해 달리고 있는 한국인은 이제 차가운 머리를 가져야 한다. 국제투명성기구에서 한국의 부패지수를 43위로 매기고 있고 지난 4년간 외국에서 이공계 박사학위를 받은 사람들의 귀국율이 46%나 감소했다. 바쁠 때 바쁘더라도 원칙이 사는 세상을 만들어야 할 때가 된 것이다. 21세기를 사는 중년들은 이래저래 마음이 바쁘다. 글로벌스탠다드라는 엄연한 현실 기준을 맞춰야 하고 한국인의 평등욕구와 무당기질을 무시할 수도 없다.

상식은 다양성 수용 정도로 잴 수 있다. 쉽게 말해 차이를 얼마나 많이 인정하느냐가 상식의 지표가 된다. 차이 인정은 단순히 이해심이 많다는 것과 다르다. 차이를 인정하려면 다양한 기준에 대한 이해가 있어야 하므로 시야가 넓으면서 동시에 마음의 중심이 잡혀 있어야 한다.

상식은 냉장고와 같다. 1950년대에 태어난 사람들은 속이 빈 냉장고 세대다. 선배 세대는 아예 냉장고가 없었으니 고민할 필요가 없었지만 그 세대는 냉장고랍시고 겨우 들어 놓았는데 열어 보면 보리밥밖에 없다. 386세대가 자랄 때는 냉장고 안에 사이다나 콜라나 환타 같은 것이 있었고 하다못해 미숫가루라도 있었다. 냉장고가 제 기능을 하려면 전기라는 기반이 필요하고 냉장고를 들여 놓은 다음에는 그것을 활용할 만큼의 상품회전이 있어야 한다. 상식도 돌고 도는 순환이라는 얘기다.

상식을 알 수 있는 또 하나의 지표로 대화 능력을 들 수 있다. 대화 능력은 복사기를 생각하면 된다. 대화를 하면서 사람들은 확대를 하거나 축소를 하는 경향이 있다. 가난한 사람은 고통을 확대복사하면서 부러움을 원한으로 만드는 경향이 있다. 그래서 어릴 때 아주 가난하게 자라면 중년이 되었을 때 지나친 증오심이나 적개심을 표출하기 쉽다.

부자는 누리는 향락을 축소하면서 풍요를 권태와 망각으로 바꾸는 경향이 있다. 어릴 때 못산 경험보다 잘산 경험이 좋다. 잘살아 본 경험은 관용과 이해를 풍성하게 준비하는 온상과 같다. 독일의 작가 괴테는 어릴 때는 물론이고 평생 가난의 기억자도 모르고 자라서 늘 남에게 인기를 끌었다. 그러나 부자의 경험은 감사함을 모르게 하는 위험도 있고 사치와 방종을 예사로 여기는 폐해도 있다.

대부분의 우리나라 중년들은 가난한 시대를 경험했다. 그러다보니 물불을 가리지 않고 일하는 것을 당연히 여겼다. '산 자여 따르라! 죽은 자는 모르겠다'는 식으로 전우의 시체를 넘고 넘어 앞으로 가는 인생이었다. 이제 우리는 냉장고 속에 맥주도 있고 음료도 있는 세상을 산다. 복사기도 아주 좋은 것을 쓴다. 그러니 잘사는 것 못지않게 바르게 살 때가 되었다.

실속 찾기

싱가폴 총리였던 리콴유는 사회주의 발상으로 영구임대아파트를 건설했는데 무조건 임대를 하는 것이 아니라 30년 분할상환으로 소유하게 해 큰 인기를 끌었다. 그러면서 경제는 자본주의식으로 해외 투자를 적극적으로 끌어들였다. 신기한 것은 공업화를 하면서 환경을 더 좋게 했다는 것인데 희귀조 관광으로 유명한 주롱 새 공원이란 지역도 중공업지대인데 환경 측면에서 청정지역에 가깝다.

우리나라 사람들은 사회주의라면 내용도 모르고 미리 겁부터 먹는다. 그러나 싱가폴식 실용적 사회주의에 관심을 기울일 필요가 있다. 사회주의는 부자의 돈을 뺏어 가난한 사람에게 나누어 주는 것이다. 그런데 싱가폴식 사회주의는 한걸음 더 나간다. 부자의 돈을 뺏어 가난한 사람에게 나눠 주려면 부자가 많아야 한다. 그러자면 많은 사람을 부자로 만들어야 한다는 발상이다.

중국의 덩샤오핑은 검은 고양이든 흰 고양이든 쥐만 잘 잡으면 좋다고 했다. 그와 싱가폴의 리콴유는 공통점이 있는데 두 사람 다 하카족 출신이다. 하카족은 한족의 일부지만 소수 민족이라고도 볼 수 있다. 그들은 중국의 남동부에 살았던 민족인데 4세기에서 18세기 동안 비옥한 땅을 찾아 이주했다. 쉽게 말해 우리가 만주로 갔듯이 땅을 찾아 남쪽으로 갔던 사람들인데 18세기 이후 경작지가 줄어들자 광동인과 다투는 바람에 더 남쪽으로 가기도 했다. 요즘 대만, 홍콩, 태국, 인도네시아, 베트남에 있는 중국인들 상당수가 하카족이다. 그들은 정직하고 근면하고 자주적이고 보수적이고 실용적인 고집쟁이들이다.

한국의 교육을 보면 생각의 변화와 실용주의 결합이 필요하다. 우리 교육은 획일주의 측면에서 보면 공산주의에 가깝고 사교육을 보면 자본주의다. 영국의 토니 블레어는 1999년 독일 총리인 슈뢰더와 공동 선언문을 발표하면서 사회의 인적자원을 육성하는 교육을 강조한다. 교육이 한 번의 기회가 되면 안 되고 평생 이용가능한 권리가 되어야 한다는 것이다. 영국은〈일하기 위한 복지 프로그램〉이란 이름으로 9만 5천명의 청년들에게 일자리를 찾아 주었고 졸업이후의 교육과 인생 후반기의 적응교육도 현대화하려고 노력한다. 쉽게 말해 교육이 소외계층을 포용하는 사회개혁의 프로그램인 것이다.

그동안 한국 사람들이 살았던 힘은 내가 남한테 꿀리기 싫은 거였다. 그래서 '죽어도' 또는 '무조건' 한다는 말이 통했다. 내가 아는 40대 남자는 봉급이 300만 원이 채 안 되는데 두 딸 학원비로 200만 원 가까이 든다고 한다. 도저히 못 살겠다며 강남에서 떠나자고 했으나 아내가 죽어도와 무조건을 고집하는 바람에 억지로 끌려서 강남에 산다고 고백했다.

강남의 한의사 얘기를 들어보면 여학생들이 수험공부다 다이어트다 해서 불임여성으로 성장하는 길을 걷고 있는데 자기는 돈 벌어서 좋지만 미래를 생각하면 암담하다고 말했다. 경쟁이 쇠퇴를 촉진하고 있는 것이다. 우리는 '나답게 합리적으로 산다'는 에너지 조정이 필요하다. 이제 소모적인 경쟁에서 벗어나 다양한 개성을 살리는 실속의 시대가 되었다.

변신하는 친구들

스승의 날 반창회 행사로 시골을 다녀온 직후 나는 정대장과 강마담을 만났다.

"반가워! 요즘 대야미 생활 어때?"

"아주 좋아. 퇴근할 때마다 논둑을 걸어서 집으로 가지. 개구리 소리가 끝내줘. 개굴개굴 우는 것이 아니라 아예 꽥꽥 하듯이 우렁차. 내가 힘들 때는 개구리들이 힘내! 힘내! 하면서 응원가를 불러주는 것 같아."

"반창회 재미있었어? 몇 명이나 왔어?"

"1번부터 59번까지 출석을 불렀는데 2명이 죽고 1명이 이민을 가서 56명 중에 32명이 왔어."

“많이 왔네.”

“1번 윤경호와 59번 양재수가 왔으니 백 프로 다 왔다고 우기는 사람도 있었어.”

“35년 만에 담임선생님을 본 친구도 있을 텐데 김본정 선생님 건강은 어떠셔?”

“아주 좋아 보였어. 3학년 때 선생님들 이름을 거론하시며 돌아가신 분들을 꼽았는데 많이 돌아가셨더라구.”

“몇 시까지 놀았어?”

“식사 마치고 노래방에서 12시를 넘겼는데 숙소에 가서 3시가 넘도록 얘기했어.”

“오랜만에 만나 얘기꽃이 피었구먼. 나는 같은 반이 아니라서 반창회 하는 것이 부러웠어.”

“안 자려고 하더라. 3시 반쯤 눈을 붙이려는데 백운고 장군과 허상천 국장이 전쟁을 벌였어.”

“무슨 전쟁?”

“백장군은 155미리 대포를 쐈고 허국장은 로켓포를 날렸지. 코골이 전쟁이 벌어진 거야.”

“제대로 자지도 못했겠네?”

“왠걸? 예전 같으면 투덜거렸을 텐데 언제 또 이 친구들 코골이를 듣나 싶으니까 자장가처럼 정겹더라구.”

“마음 하나로 세상이 달라진다는 원효가 따로 없구먼.”

“신경이 무뎌지는 것도 아름답게 받아들일 나이가 된 거야.”

중년이 되면 신경이 무뎌지는 만큼 남들이 말하는 우선순위를 반대로 볼 필요가 있다. 사람들은 50대 남자의 행복 조건을 6가지 든다. 건강, 아내, 재산, 일, 친구, 모임이 바로 그것이다. 물론 건강과 마누라가 소중하다. 그러나 반대로 모임을 통해 세상 돌아가는 얘기나 정보를 얻고 친구의 도움을 살려 일을 잘하는 것도 중요하다.

나는 간혹 회사의 연말 송년 모임이나 여성들의 친목계 식사에 초청되어 시대 변화나 자녀교육에 관한 얘기를 들려줄 때도 있다. 그런 가운데 느끼는 것인데 꽤 많은 사람들이 이웃에 대해 따뜻한 마음을 갖고 있다. 그러니까 모임이 중요하다는 말이다. 모임을 통해 친구와 우정을 살리고 다음으로 일, 재산, 아내라는 순서를 밟아야 건강도 더 좋아진다는 얘기다.

건강만 해도 그렇다. 무조건 건강하려고 할 것이 아니라 남에게 봉사할 수 있는 힘을 쓰기 위해 건강해야 한다는 신념을 갖는 것이 필요하다. 이제 우리는 봉사에 대한 여유도 가질 때가 된 것이다. 내가 그런 말을 하자 강마담이 이런 얘기를 했다.

"이번에 김병철이란 친구가 조선일보가 주최한 올해의 스승상을 받았더라."

"다들 진급하려고 요령을 피우는 마당에 신설학교에서 4년간 봉사하며 박봉을 털어 시골 학생들에게 컴퓨터를 사주고 가르쳤으니 참 훌륭해……."

"바로 그런 친구가 한구석밝히기의 주인공 아닌가?"

“맞아! 지금 시대에는 그런 사람이 필요해. 너 나 할 것 없이 출세에 매달릴 게 아냐.”

“그래서 인생을 좀 더 신중하게 생각할 필요가 있어. 나는 지리산을 17번이나 올랐다는 남명 조식 선생의 말씀을 가끔 떠올리면서 마음을 다스리기도 해.”

“무슨 말씀이지?”

“위로 올라가는 것도 그 사람이고 아래로 떨어지는 것도 그 사람이니, 다만 발 한 번 내딛는 데 달린 일이다.”

“마음먹기 하나로 운명이 바뀔 수도 있구먼.”

“요즘 어떤 모임에서는 당신! 하고 선창하면 멋져! 하고 대응해주는 건배가 유행이래.”

“무슨 뜻이야?”

“당당하게, 신나게, 멋지게 져주면서 살자는 거야. 이제 우리는 이기는 것만이 최선이라는 시대를 바꿀 때도 된 것 같아.”

“동감해!”

부부의 약속

별거를 하기로 결정할 때 우리 부부는 이런 대화를 했다.

"아침잠을 깨워서 미안해요."

"내가 예민했기 때문이오. 그동안 나는 이제마의 사상을 공부하면서 인간관계 프로그램을 개발했었소. 당신은 소양인이라서 내가 책에 몰두하는 것을 보기 힘들었을 거예요. 마음속의 불이 뜨거워서 답답했던 것이지요. 어머님은 따지고 분석하는 소음인으로 집착이 강한 분인데 당신도 그런 분과 살면서 고생이 많았을 거예요."

"고마워요. 체질이라는 것이 어쩜 그렇게 신기해요? 당신이 만든 프로그램이 우리 집에도 딱 맞는군요."

그 순간 둑이 무너지듯이 눈물이 나왔다. '내가 했던 일을 아내가 인정해주다니!' 아내는 화장지를 꺼내 나의 눈물을 닦아주면서 자신도 울고 있었다. 부부가 서로 같이 눈물을 흘리는 날도 있다니……. 침묵을 깨고 아내가 말문을 열었다.

"떨어져 산다고 생각하니 당신이 새롭게 보였어요. 알고 보면 당신도 쿨한 사람이에요. 그동안 당신 마음속에 미움이나 아쉬움이 남아 있다면 훌훌 털어버리세요."

"고맙구려! 새로운 환경에서 기분을 바꾸고 마음을 충전하면 그동안 당신에게 못 해 준 일도 할 수 있을 것 같소."

"어머님과 살더라도 주중에는 아이들도 볼 겸 서울 집에 가끔 들르세요."

"같이 살 때는 너와 나였는데 헤어져 산다고 생각하니 우리가 보이는 것 같구려. 그러니 우리 '두 번 사는 부부'라고 생각합시다."

"그래요. 서로 노력해요."

"이사를 가면 교회를 다닐 생각이오."

"처음 듣는 얘기네요."

"사실 오래전에 마음으로는 주님을 영접했었소. 그런데 교회만큼은 가기 싫었소."

"왜 그랬나요?"

"내 마음이 교만했기 때문이오. 나는 남들이 못한 것을 해본 것이 많소. 공부도 많이 했고, 여행도 많이 했고, 경영도 해보았고, 봉급쟁이 시절 한때 남보다 나은 봉급도 받아보았고, 책도 열 권이나 써보았고 이제마의 사상을 바탕으로 성공 프로그램도 개발해보았소. 그러니까 남이 해보지 못한 것을 여섯 가지나 해보았소. 그런데 한 가지 부족한 것이 있소. 그것은 바로 봉사요. 그동안 나는 안 되는 일이 없다는 자신감으로 살았는데 그것이 바로 교만이었던 것이오.”

“당신이 그런 말씀을 하는 것이 신기하네요. 저는 당신이 그냥 터무니없이 간이 큰 사람이라고만 생각했어요. 그런데 언제 어떻게 주님을 영접했나요?”

“충청도 산골에서 술 배달을 하면서 재수를 할 때였소. 남들은 재수를 하면 학원이다 뭐다 해서 폼 잡고 다녔는데 전기도 들어오지 않는 시골에서 술 배달을 했으니 한심스러웠지요. 어느 날 문득 화가 치밀어 올라 마음껏 하나님 욕을 했어요.

‘하나님 이 개새끼 손가락아! 하나님 이 소새끼 손가락아! 당신이 진짜 있다면 무슨 신호라도 보내 주어야 하지 않느냐?’

그런데 말이에요. 그날 밤 꿈에 선비처럼 한복을 입고 갓을 쓰신 어르신이 벼랑 끝에 매달려 ‘나를 구해 달라!’고 외치셨어요. 내가 그분 손을 잡고 땅위로 올려드리자 천천히 고개를 드시는데 예수님이셨소. 꿈에서 깬 나는 펑펑 울면서 고백했소.

‘하나님! 죽을죄를 지었습니다. 제가 교만이 넘쳐 당신을 욕했습니다. 그런데 당신께서는 스스로를 낮추신 모습으로 얼굴을 보여주셨습니다. 앞으로 절대 당신을 원망하지 않고 살겠습

니다.'

그렇게 하나님을 받아들이면서도 교회를 나가지 않았소. 지금 생각해보면 그때 울면서도 교회에 나가겠다는 말은 하지 않은 것 같소."

"그런데 왜 교회를 다니려고 해요?"

"내 친구인 강마담이 권했소."

"강마담이 누구예요?"

"당신도 알지 않소. 강교수 말이에요. 그 교회는 교회 없는 교회요. 일요일마다 복지관을 빌려서 예배를 하는 곳이오. 교회라면 시끄럽고 돈만 밝히고 황당한 목사님들이 있는 곳이라는 인상이 있는데 그 세 가지가 모두 없는 곳이오. 그런 교회가 있다는 것을 알게 되었으니 신앙생활을 거절할 이유가 없어진 것이오."

"당신도 직장후배였던 추부길 목사처럼 훌륭한 목사가 되면 좋겠네요!"

"그런 말씀을 하니 신기하구려……. 나는 목사가 되기보다 목사님을 도와주는 일을 하고 싶소. 새삼스럽게 내가 무엇이 되겠다는 생각을 하겠소? 내가 고부 갈등을 겪은 것도 하나님의 깊은 뜻이 있으리라고 생각한 적도 있었소.

어쩌면 옛날 꿈에서 보았던 선비 모습이 바로 이제마 선생이 아니었나 싶소. 목사님들은 무조건 성경 말씀을 믿고 기도를 하라고 해요. 그러나 현대는 차이를 인정하면서 자기 스타일에 맞는 믿음이 필요해요.”

“차이를 인정해야 하나가 되기도 쉬운 거군요.”

“그래요! 이제 우리도 서로의 차이를 인정하고 믿음의 부부가 됩시다.”

자세, 호흡, 속도

“우리 교회 한번 놀러와!”

A대학에서 강의를 한 지 1년 정도 되었을 때 강마담이 말했다. 나는 교회 애기를 예사로 넘겼다. 그러나 나는 지금 교회를 다니고 있다. 내가 교회에 발을 딛기까지 몇 계단이나 있었을까? 거기에는 눈으로 볼 수 없는 많은 힘들이 작용했을지도 모른다. 강마담과의 만남, 한구석밝히기란 리더십 과제, 철밥통과의 마남, 고부 갈등 사이의 번민 등이 있었다.

내가 교회에서 만난 사람 중에 가장 이색적인 주인공은 새드무비였다. 새드무비는 학교 선생님인 정순량에게 붙여준 별명이다. 그는 신앙 세계의 스케일이 너무 커서 그 깊이를 종잡을 수 없을 정도인데 누가 어려운 처지에 있다는 소리만 들어도 금방 눈에 눈물이 맺히기 때문에 새드무비라고 했다. 그는 나보다 몇 살 아래인데 이런저런 호칭이 애매해서 그냥 형님이라고 부르겠다고 했다.

새드무비를 보면 뭔가 큰 일이 가능할 것 같기도 하다. 그는 지난 20년 동안 성경을 재해석했다. 한번은 그가 에덴동산과 사탄의 유혹에 대한 해석을 소개했는데 마치 현대판 게임처럼 박진감이 있었다. 시간을 낼 수 있으면 좀 다듬어서 글로 소개하고 싶었다.

나는 새드무비의 아내가 웃는 모습이 좋아 접시꽃 당신이라고 불렀다. 그녀는 아이들을 키우기 위해 교사라는 직업을 그만둔 적이 있다. 내 자식도 제대로 못 키우면서 남의 자식까지 망칠 이유가 없다는 거였다. 그러면서 딸을 서울대학에 입학시켰다. 강남에 살면서 각종 과외를 시켜 서울대학에 보낸 것이 아니니 그 정성이 갸륵했다.

접시꽃 당신이 나에게 이런 문의를 한 적이 있었다. 반 아이 중에 정신장애 아이가 있는데 학부모가 선생님 잘못이라고 우기면서 협박을 한다는 내용이었다. 그런 일을 교사의 잘못으로 귀착시키려면 몇 가지 근거와 증거가 필요하니 걱정을 할 필요가 없다고 했다. 그 아이는 접시꽃 당신이 담임을 맡기 전에 방화혐의로 훈방을 받은 경험이 있었기 때문이다. 나중에 나는 접시꽃 당신이 적응이 어려운 학생들에게 최선을 다하지 못했다는 것을 반성하고 대학원에 진학하여 상담심리를 공부하기로 했다는 말을 들었다. 참 따뜻한 마음의 소유자였다.

새드무비는 나와 철밥통과 강마담을 초대하여 바둑도 두고 서호 주변을 함께 도는 산보를 제안하기도 했다. 서호를 돌다 보면 어렸을 때 자주 가서 놀았던 진주의 가마못이 떠올랐다. 가마못에는 어른 손바닥만 한 큰 잠자리들이 산다. 그 색깔은 연두색으로 여느 잠자리와 달리 몸체도 우람했고 날개의 빛깔도 무지개처럼 화려했다. 아이들은 처음에 잠자리채나 다른 방법으로 한 마리를 잡은 다음 그것을 실에 매달고 막대기로 연결한다. 이때 호박 꽃술을 따서 꽃가루를 잠자리 몸 주변에 바른다. 왜 그렇게 하느냐고 물으면 수놈을 암놈으로 바꾸는 것이라고 말하는 아이도 있다. 쉽게 말해 성전환 수술인 셈이다.

아이들은 그렇게 한 마리의 잠자리를 공중으로 흔들면서 가마못 주변에 날고 있는 다른 잠자리를 유혹하는 고함을 지른다.

'수뱅아 져! 또니 져!'

기억이 정확한지 확실하지 않지만 수뱅이는 수놈 잠자리이고 또니는 암놈 잠자리를 뜻한다. 어쨌든 수뱅이와 또니를 부르다 보면 신기하게도 짝짓기를 하듯이 다른 잠자리가 붙는데 그 순간 또 한 마리의 잠자리를 잡는 것이다.

찌는 듯한 여름 한낮 가마못 주변에 가면 매미울음 소리보다 더 쩌렁쩌렁한 아이들의 외침이 들린다.

'수뱅아 져! 또니 져!'

언젠가 진주에 들렀더니 가마못이 매립되어 주택단지가 되었다. 그것은 단순한 지형의 변화가 아니라 더 이상 아이들의 함성을 들을 수 없다는 전설의 사라짐이었다. 어린 시절 나는 가마못에서 잠자리 한 마리가 물 가운데 솟아 있는 막대 같은 수초에 앉으려고 여러 번 시도하는 것을 본 적이 있다.

'왜 잠자리는 물 가운데 솟아 있는 작은 수초 위에 앉으려고 했을까?'

아마도 잠자리는 푸른 하늘을 마음껏 날 수 있게 된 행복의 비밀을 알고 싶었을지도 모른다. 도대체 나는 어떻게 생겼기에 그렇게 신나게 하늘을 날 수 있었을까? 잠자리는 제 모습을 보고 싶었다. 그러자면 아슬아슬한 수초 위에 앉아서 물에 비친 모습을 보아야 했겠지? 그러나 잠자리는 단번에 수초 위에 앉지는 못하고 여러 번 앉으려고 시도한다. 그것을 보면 안타까운 마음이 들기도 했다. 안전한 착지! 그 비결은 무엇일까? 그것은 자세, 호흡, 속도 삼박자의 절묘한 조화다. 자세, 호흡, 속도가 하나로 조화하는 어울림이 있어야 울림이 생긴다. 중년의 조화도 그런 것이 아닐까?

반짝이는 스타들

교회는 작지만 부장은 많았다. 그렇지만 내가 맡을 부장 자리는 없었다. 그래서 나는 스스로를 웃기는 부장을 자청했고 부장이 아닌 사람들에게 부장을 임명했다. 우연히 찬송가 소리를 듣고 나오신 할머님은 천사부장으로 임명했고 음대 출신인 김매련 여사는 음악부장으로 그의 남편인 박정환은 회사에서 감사를 하니까 교회에서 감사함을 도맡아하라고 감사부장을 맡겼다. 문화인류학자인 정병호 씨는 외모가 준수해서 미남부장이라고 했다. 웃기는 부장이 웃기려고 하는 일이라서 그런지 나를 말리는 사람은 없었다.

모든 인간은 상대방에게 신비하게 보이도록 창조되었다. 영국의 소설가 찰스 디킨슨은 그런 말을 한 적이 있다. 나는 교회에서 그 말을 확인할 수 있었다. 그만큼 나눔의 교회에는 신비한 사람이 많았다.

나눔의 교회 대표 스타는 바로 85세의 강종수 집사님이시다. 아직도 현역 세무사로 근무하시면서 교회 재정을 담당하신다. 매달 수입과 지출을 카랑카랑한 목소리로 투명하게 보고하시는 당신은 사모님과 함께 닭살계의 지존이라고 할 만큼 사랑도 풍부하신 분이다.

나눔의 교회에는 이대수 목사님이 있다. 그는 대학시절 운동권이었고 한때 노동현장에서 목회 활동을 하기도 했다. 전담 목회는 체질이 아니라고 하실 만큼 열정적으로 사회 활동을 하신다. 목사님은 화랑을 닮았다. 늘 입으시는 한복의 품새도 그렇지만 산과 들을 즐겨 찾기 때문이다. 그래서 나는 목사님을 이텐트 목사라고 부른다. 실제로 당신께서는 공원에서 야외 예배를 드릴 때도 풀밭에 텐트를 쳤는데 이따금 집에서도 텐트를 치고 그 안에서 주무신다고 한다.

이텐트 목사님은 부활절날 한국기독교협의회와 조선그리스

도연맹이 함께 작성한 기도문을 소개하셨다. 인상적인 구절은 '주님! 이제 우리가 부활의 산 증인이 되어 증오의 못을 박고 비난의 창을 찌르던 그 피 묻은 손으로 상처를 싸매고 화해의 손을 내 밀 수 있도록 도와 주소서' 였다.

윤혜신 집사님은 창을 즐겨 부르신다. 군포시의 반딧불이 축제를 비롯해 각종 모임에서 빛을 뿜는다. 그 와중에 손녀를 키우시는데 아기를 안고 며느리와 함께 교회에 오셔서 "여성 3대가 왔습니다. 얼마나 큰 영광입니까?"라고 말할 때는 나눔의 교회가 아주 커 보였다.

나눔의 교회의 젊은 스타는 편인성이다. 그는 태어나면서 하나님 편이라 행복찾기도 일상의 평범함에서 찾았다. 어느 날 그는 이런 설교를 했다.

포도나무가 싹이 트기 시작할 때

큰아들 한영이가 여섯 발자국을 걸었을 때

김두현이 왼발 슛을 날렸을 때

용돈을 절약해 화초를 샀을 때

장사익과 김영동의 시디를 샀을 때

늦은 퇴근 시간에 친구가 부를 때

편인성은 위에서 소개한 것처럼 여러 종류의 행복을 소개했다. 그러나 맺는 말만큼은 하나님의 말씀을 따르는 행복만이 영원하다고 했다. 세상의 행복보다 말씀을 따르는 행복이 더 중요하다는 그의 말이 한동안 뇌리에 남아 있었다. 그는 요즘 회사 사정이 어려워 마음고생을 하고 있다.

"회사 윗사람과 아랫사람의 생각이 다른 것이 무슨 숨바꼭질 같아요."

"늘 다르면 회사를 못 다니지. 같을 때가 있으니까 다니는 거 아닐까?"

"회사가 어려워서 수개월만이라도 월급을 덜 가져 가겠다고 했더니 사장님이 화를 내시더군요. 그러면서 가족을 말씀하셨어요. 가족은 겉으로 매질을 하지만 속으로는 그 매를 다 맞는 관계라고."

"편선생보다 사장님이 마음이 더 깊은 것 같구먼."

"사장님은 저 못지않게 직장을 가정처럼 보고 계셨어요."

나는 편인성이 부러웠다. 일상의 행복을 소중히 여기면서도 자신을 양보해 전체를 살리는 자세가 아름다웠기 때문이다. 내가 강마담과 친구이듯이 편인성은 구본환과 친구 사이였다. 구본환은 직장문제가 없는 대신에 어머님이 병환 중이라서 마음고생을 하고 있었다. 그는 신학을 공부해서 그런지 시중의 인기 목사에 대해 비판을 하기도 했다. 내가 미처 생각하지 못했던 지적이라 수긍할 점이 많았는데 내가 들려준 말은 엉뚱하게도 현실을 옹호하는 발언이 되었다.

"기독교는 부르심의 종교니까 유명한 목사님들도 무슨 섭리가 작용했을 거예요. 그런 목사님들은 구 선생 같은 분을 위해 설교를 하는 것이 아니라 평범한 주부를 위해 설교를 하시는 분 아닌가요?"

"박사님이 상식에 대해서 글을 쓰신다고 들었는데 상식도 누구를 대상으로 쓰느냐에 따라 달라진다는 말씀인가요."

"그렇지요. 그렇지만 나는 무슨 답보다 상식이 무엇인지 생각하는 계기를 주고자 해요. 넓이를 펼치되 깊이는 독자 개인에게 맡기는 거죠. 유명 목사님들도 하나님의 본 모습을 보이시려는 것이 아니라 평소 생각하지 못했던 하나님을 깨닫게 하는 공이 크다고 봐요. 그래서 나는 그런 목사님에게 배우는 것이 많아요."

두드려라 열릴 것이다

주일마다 나는 교회에서 아내를 만난다. 그럴 때마다 감정이 새롭다. 이렇게 감정이 소중한데 그동안 나는 왜 머리로만 살려고 했을까? 인간의 이성만큼 얄팍하고 교활한 것도 없다. 그렇다고 해서 이성을 무시하자는 말은 아니다. 사람은 누구나 이성의 안내를 받으면서 살아야 하지만 이성만으로는 부족하다. 그래서 믿음이 필요하다. 성경을 보면 선지자인 요나가 하나님의 명령을 회피하는 장면이 나온다. 니느웨로 가서 복음을 전파하라는 명을 피하는 것이다. 그러자 하나님은 그를 풍랑과 바람과 큰 물고기라는 시련 속에 가둔다. 요나는 하나님에 대해 분노하기까지 하지만 하나님은 박넝쿨 그늘을 주서 그를 기쁘게 하신다. 그러다가 박넝쿨을 벌레로 죽게 만들고 해가 뜰 때 뜨거운 동풍을 머리에 쬐매 요나는 사는 것보다 죽는 것이 낫다고 고백한다. 이때 하나님이 이렇게 이르신다.

"네가 심지도 않고 키우지도 않은 박넝쿨을 하룻밤 동안 아꼈거든 니느웨에는 좌우를 분명히 알지 못하는 사람이 10여 만 명이나 있는데 내가 어찌 그들을 아끼지 않을소냐?"

남을 지도하는 선지자도 하나님에 대한 믿음이 부족하고 제 한 몸 편한 것만 추구할 수 있다. 그것이 바로 이성의 한계이자 인간의 나약함이다. 그래서 하나님이 사랑하는 사람에게 예비해둔 것은 눈으로 보지 못하고 귀로 듣지 못하고 마음으로도 생각하지 못한다고 하였다.

인간의 이성이 별 수 없음을 인도의 신화만큼 잘 보여주는 것도 없을 것이다. 인드라는 존재하는 세상을 다스리는 신인데 인드라의 그물은 실과 실이 만난 곳에 보석이 달려 있어서 각 보석에는 다른 보석이 비친다. 만약 세상이 인드라의 그물과 보석이라면 어떤 사건도 독립적으로 존재할 수 없다. 사람들 뒤에 어떤 의지가 조종하는 방식에 따라 그물이 출렁이고 상호관계가 생길 뿐이다.

어렸을 때 은하수를 보면서 우주가 얼마나 장대하고 영원한

가를 깨닫고 놀란 적이 있다면 중년의 방황과 막막함도 어느 정
도 이해할 수 있다. 도대체 나의 삶을 끌고 가는 룰은 누가 쥐고
있는가? 이런 의문을 느끼면서 새로운 문을 찾아야겠다는 느낌
역시 중년의 한 특징이다.

　　2007년 하반기는 정신이 없었다. 원고 마무리에 몰두해야
했기 때문이다. 그러다 보니 아내가 살고 있는 집을 가보지도
못했다. 어느 정도 원고를 마무리하자 아내의 집으로 갔다. 오
랜만에 와본 집이라 그런지 약간 어색하기도 했다. 그런데 그곳
에서 낯선 책 한 권을 볼 수 있었다. 미국의 유명한 목사인 조엘
오스틴이 쓴 『긍정의 힘』이란 책이었다.
　　나는 그 책을 손에 잡은 지 두 시간만에 독파했다. 좋은 책이
었다. 그러나 미국에서 참 많이 팔렸다는 것이 좀 이상했다. 무
엇이 인기 비결이었을까? 그런 얘기를 하자 아내가 원서를 보
여 주었다. 영어를 좋아하는 아내는 사전을 참고로 영문판 원본
을 더듬더듬 읽는다고 했다. 참 고마웠다. 함께 살 때 아내는 책
읽는 것을 싫어했다. 그런데 이제 아내가 독서를 즐기는 사람이
된 것이다.
　　영어 책을 읽으면서 나는 많은 감동을 받았다. 원래의 제목
이 『지금 이 순간 최고의 삶』이었는데 그래서 더 실감이 났다.
원문으로 읽다 보니 편집 과정에서 생략한 내용들도 있었고 그
중에서 심오한 것도 있었다.

미국의 큰 교회에서 무슨 결정을 잘못 내려 사직을 해야 했던 목사님이 있었다. 그 바람에 가족이 흩어져야 했다. 몇 년 후 그는 봉사 활동을 하려고 남미로 가서 브라질의 시골 교회를 방문했다. 그때 브라질 교회의 목사가 깜짝 놀란 표정을 지으며 그의 손을 잡고 기도를 해 주었다. 포르투갈 말로 기도를 했기 때문에 한마디도 알아들을 수 없었지만 기도 가운데 속박된 마음이 풀려나면서 새롭게 복구되는 것 같았다. 기도가 끝나고 통역에게 브라질 목사가 각별한 기도를 해준 사연을 물었을 때 그는 놀라운 대답을 듣는다.

"저는 20년 전에 기도를 하면서 당신의 얼굴을 보았고 그때 주님께서 당신의 마음을 치유하여 온전하게 하라는 응답을 받았습니다."

저자는 그 사례를 소개하면서 20년 전에는 미국인이 목사도 되기 전이었고 기독교인도 아니었다고 했다. 그러면서 그가 내린 결론은 하나님은 어떤 얘기가 시작되기도 전에 그 결말을 미리 알고 계신다고 했다. 미국인 목사는 세상의 질곡에 갇힌 영혼을 해방했고 브라질 목사는 하나님의 사랑과 용서를 다시 확신할 수 있었다. 세상의 한구석 브라질의 한 교회에서. 그렇다. 부자지간이나 부부지간이나 만남은 오래전에 예정되어 있는지도 모른다.

아내의 화장대를 보니 한 외국 소녀의 사진이 있었다. 참 귀엽고 예뻤다. 잠비아에 사는 치르푸야라고 했다. 아내가 월드비전을 통해 해외의 어린이와 자매결연을 맺고 서신 교환도 하고 학용품도 보내 준다고 했다. 오랜만에 본 아내는 몰라볼 정도로 예쁘게 변신해 있었다. 같이 살 때는 무서웠던 아내가 이렇게 몰라보게 변신하다니!

아내가 변신한 계기는 무엇일까? 그것은 감정의 공유와 소통일 것이다. 떨어져 살면서 자주 말을 나누지 않았지만 그런 가운데 무언가 통하는 것이 있었다. 알고 보니 변신은 자신의 감정에 솔직할 때 하나님이 주시는 선물이었다. 감정은 머리가 알 수 없는 것을 찾아주고 영혼의 문을 여는 열쇠가 된다.

돈 없어도 가능한 일

내가 나눔의 교회를 다니기 시작할 무렵 교회에서는 10주년 잔치를 기획하고 회고 자료집을 만들고 있었다. 자료집의 제목도 특이하게 「뭐 이런 교회가 다 있노?」였다. 내용을 읽어 보니 불과 20여 명이 10년간 교회를 끌어왔다는 것이 신기했다. 그런데 서로 손발을 맞추면서 행사를 치르는 모습을 보니 위대함마저 느껴졌다. 10주년 잔치 때 평신도 교회로 자리를 잡은 새길교회 운영에 대해 성공회대학의 권진관 교수가 특강을 했고 젊은 성도들은 미래 비전을 제시했다.

자료집에는 그동안의 봉사 경험과 지원했던 기관들이 소개되어 있었는데 작은 교회가 지난 10년간 참 알차게 운영했다는 것을 느낄 수 있었다. 봉사! 이제 나도 그 세계로 가까이 가야 할 것 같았다.

어느 날 강마담은 봉사에 대한 얘기를 하면서 그는 불교에서 말하는 무재칠시를 소개했다. 돈이 없어도 가능한 봉사가 7가지나 된다는 거였다.

화안시 : 부드러운 얼굴로 사람을 대하시오.

언사시 : 좋은 말씨로 사람을 대하시오.

심시 : 마음가짐을 좋게 하여 베푸시오.

안시 : 눈빛을 따뜻하게 보내주시오.

지시 : 좋은 말로 가르침을 주시오.

상좌시 : 남에게 앉을 자리를 베푸시오.

방사시 : 남에게 쉴 만한 방을 내주시오.

올해부터 나눔의 교회에서는 가장 가까운 곳부터 봉사를 실천하기로 했는데 알고 보니 아동 급식을 하는 복지관 지하식당에 일손이 달렸다. 그래서 성도들이 일주일에 하루씩 돌아가면서 돕기로 했다.

지하식당에는 35명의 아동 식사를 오후 4시부터 밤 9시까지 김현주 아주머니 한 분이 담당하고 계셨다. 내가 봉사하는 날 나는 식당에서 계란말이를 했다. 배식시간이 되어 아이들을 보니 대개가 밝고 건강했다. 집에 엄마가 없는 아이들이 급식 대상이었는데 그동안 아주머님이 자식처럼 돌봐주었기 때문이었다.

대수롭지 않은 일을 하고 저녁식사를 얻어먹었는데 그 맛이 꿀맛 같았다. 설거지와 청소를 끝내자 돌아가도 좋다는 말을 들었다. 기분이 좋았다. 그래서 지하철을 타지 않고 일부러 수리산을 넘어 대야미로 갔다.

세상에 나같은 고집불통이 있을까. 이미 15년 전에 들었던 봉사를 이제야 하게 되다니! 그동안 나는 하나님이 내게 보내는 신호를 여러 번 받았다. 그러나 그때마다 외면했는데 이제야 응답을 하게 된 것이다. 밤길에 수리산에서 나는 하나님에게 고백을 했다.

"저 오늘에야 숙제의 첫 단추를 열었습니다."

"그래? 봉사를 해보니 어떻더냐?"

"기뻤습니다. 아주 기뻤습니다."

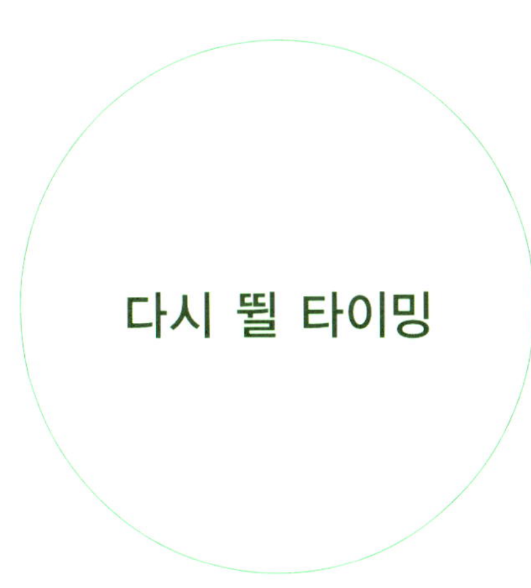

비전 트레이너

비전은 무엇일까? 비전은 내가 어떤 방향의 삶을 살기 위해 기쁜 마음으로 자신에게 내건 속박이다. 세계 헤비급 챔피언과 몸무게가 똑같았던 오프라 윈프리는 4년 안에 90킬로그램 이하가 되는 것을 목표로 삼고 별의별 방법을 쓴 적이 있었지만 중도에 포기하기를 되풀이했다. 그러다가 좋은 트레이너를 만나 몇 주 동안 운동한 결과 체중이 줄기 시작했다. 그때 오프라 윈프리를 지도한 트레이너인 보브 그린은 그녀에게 이런 말을 했다고 한다.

"체중을 달아보지 마라. 건강한 생활이 인생의 목적이지 체중 줄이기가 목적이 아니지 않은가?"

보브 그린이라는 트레이너가 오프라 윈프리의 체중을 줄이게 할 수 있었던 것은 특별한 비법이 있어서가 아니라 인생의 의미와 목적을 새롭게 각성시켜주었기 때문이다. 한마디로 비전을 깨닫게 한 것이다. 『어린왕자』를 쓴 생텍쥐베리는 비전의 중요성을 이렇게 말했다.

"배 한 척을 만들려거든 사람들을 불러 모아 나무를 해오게 하거나 이런저런 일을 시키려 하지 말고 끝없이 망망한 바다에 대한 동경을 심어주어라."

비전은 핵심욕망을 핵심가치로 바꾸어 슬로건으로 만든 것이다. 핵심욕망이 무의식 속의 에너지라면 핵심가치는 에너지를 행동으로 드러내는 것이다. 일반적으로 태양인은 행동형 가치를 추구하고, 소양인은 표현형 가치를 추구하고, 태음인은 관계형 가치를 추구하고, 소음인은 분석형 가치를 추구하는 편이다. 내가 만약 기업이라면 내 스타일에 맞는 핵심가치를 다음과 같은 비전으로 구체화시킬 수 있다.

행동형 비전 : 창의성, 꿈, 그리고 상상력을 소중히 함
— 월트 디즈니

표현형 비전 : 선택의 자유에 대한 권리 인정, 개인 독창성 격려
— 필립 모리스

관계형 비전 : 다른 모든 것에 우선한 고객 서비스 개선
— 노드스트롬(백화점)

　비전은 답에 집착하는 고정관념을 타파하고 새로운 문제해결의 열쇠가 되기도 한다. 대부분의 사람들은 답을 찾는 방법이나 기술 같은 스킬 즉 노하우에 집착하기 때문에 마인드가 유연하지 못하다.

　일본의 어느 공장에서 제품에 불량이 생겨 애를 먹은 적이 있었다. 불량을 줄이려고 많은 노력을 했으나 그 해답을 찾을 수 없었다. 그런데 기술자가 아닌 평범한 여직원의 아이디어로 불량률을 크게 줄일 수 있게 되었다.

　그 여직원은 전철을 타고 출퇴근을 했는데 회사에서 만든 제품을 보관한 창고가 전철과 가까워 그 진동으로 인해 불량이 생기지 않았겠느냐는 아이디어를 제공했기 때문이다. 설마 했지만 그것은 사실이었다. 그래서 그 회사는 전철이 다니는 길과 창고 사이에 조그만 호수를 만들어 진동을 완화시켜 불량률을 줄일 수 있었다. 평범한 여직원의 마인드가 쉽게 풀 수 없었던 스킬의 문제를 해결한 것이다.

　곤란한 상황에 놓인 사람일 경우 '더 이상 길이 없다'는 쪽에 마음을 맞출 수도 있지만 '더 이상 나빠질 수 없다'는 쪽에 마음을 맞출 수도 있다. 따라서 성공은 내 마음속의 힘을 어떤 주파수에 맞추느냐에 따라 달라진다.

남이 생각하지 못한 기발한 답은 고난과 역경 속에서 탄생된다. 이북이 고향인 한 소년이 있었다. 고향에서는 잘살았으나 서울에서 학교를 다니던 중 6·25전쟁이 일어나 거지로 살 수밖에 없었다. 고향에 돌아가면 잘살 수 있을 것이란 희망이 있었지만 전쟁이 끝나도 고향에 갈 수 없었다. 절망이었다. 그렇게 지내던 어느 날 소년은 고민에 빠진다.

'평생 거지로 살 것인가?'

동냥은 타이밍이 중요했다. 식사 중이나 식사 직후가 아니면 밥을 얻을 수 없었다. 당시만 해도 인심이 좋아 밥을 주지 못할 경우 '미안해서 어떡하나!'라는 말을 했었다. 그때 그는 이런 생각을 했다.

'그렇다! 밥을 얻지 못하면 간장을 얻자!'

마침내 그는 깡통 두 개를 들고 다니기로 했다. 그렇게 간장을 모은 소년은 그것을 시장에 팔아 돈을 마련해 장사를 시작할 수 있었다. 이 얘기를 소개한 사람은 형애장학재단의 최형규 회장님이다. 당신은 굶어서 많은 고생을 했지만 1000여 명이 넘는 학생들을 도운 사람이다. 그분이 젊은이들에게 강조하는 말은 이렇다.

"길이 없다고 생각하지 말고 뜻이 부족함을 탓하라!"

변화의 챔피언

"자네의 스토리는 무엇인가?"

영화 〈아미스타드〉를 보면 존 퀸시 아담스가 노예제 폐지론자를 상담하면서 위와 같은 질문을 던진다. 왜 그는 스토리를 물었을까? 그는 그 이유를 이렇게 말했다.

"나는 최고의 스토리를 가진 자가 이긴다는 사실을 법조계에서 일하기 시작할 때 알게 되었지."

'억울하면 출세를 하라!'는 식으로 말하는 사람도 있다. 그러면서 결과가 좋으면 과정도 묻히고 성공스토리는 성공한 사람이니까 그런 얘기를 한다고 여긴다. 그러나 그것은 착각이다. 성공했으니까 스토리가 존재하는 것이 아니라 자신만의 스토리를 꾸준히 이어갈 수 있었기 때문에 성공한다.

미국의 링컨 대통령은 마흔이 되면 자기 얼굴에 책임을 져야 한다고 했다. 얼굴에 책임을 진다는 말은 '그 사람' 하면 분명하게 떠오르는 확실한 이미지가 있어야 한다는 뜻이다. 나는 얼굴에 책임을 진다는 말을 누구에게나 소통하는 브랜드가 되라는 뜻으로 해석하고 싶다.

사람들은 상품을 살 때 브랜드를 중시한다. 그러면서도 자신이 다른 사람에게 사랑받는 브랜드가 된다는 생각을 잘 하지 않는다. 그러나 자기 스스로 브랜드가 된다는 것은 대단한 의미가 있다. 중년이라면 그동안 자신이 미처 생각해보지 못한 잠재력을 떠올려보면서 전체와 균형을 잡아 자신의 인생을 브랜드로 만들어야겠다는 구상을 해야 한다. 그러자면 새롭게 변할 자신의 모습을 한마디의 슬로건으로 만들어 보자.

누구든 자신을 정확하게 불러주는 다른 사람이 있다면 행복한 사람에 속한다. 그런 점에서 피카소는 행복한 사람이다. 폴 엘르아르라는 시인이 그에게 바치는 시를 쓰면서 이렇게 불렀기 때문이다.

"목 쉰 해질녘 슬픈 제비를 닮은 사람"

내가 만약 피카소처럼 뛰어나다면 유명한 시인이 나에게 맞는 슬로건을 대신 불러줄 수도 있다. 그러나 그런 사람이 드물기 때문에 나 스스로의 이름을 슬로건으로 만들어야 한다. 그러자면 이런 질문을 할 필요가 있다.

나를 기리는 명예의 전당을 만든다면 무엇을 진열하고 싶은가?

나를 쪼개서 판다면 어떤 상품들을 만들 수 있을까?

나를 통째로 판다면 어느 시장에 얼마로 팔 수 있을까?

나의 자서전을 쓴다면 어떤 목차로 무슨 내용을 실을 수 있을까?

나의 특기를 살리며 내가 1등을 할 수 있는 일은 무엇인가?

내년에 죽는다면 올해 꼭 가보고 싶은 곳은 어디인가?

나만이 쓰고 싶은 독립선언문은 무엇인가?

통조림에서 뛰쳐 나와 등이 푸른 생선이 되어 헤엄치고 싶은 바다는 어디인가?

지금까지의 실수들을 모두 합쳐 딱 한 번 확실하게
성공할 수 있는 일은 무엇인가?

새로운 내 삶에 동참할 혁명 동지로 어떤 사람을 만나야 할까?

지금의 몸값을 두세 배 이상 올릴 수 있는 일은 무엇인가?

내가 미친 듯이 좋아하며 나를 변신시킬 프로젝트는 무엇인가?

나를 회사로 만든다면 무슨 간판으로 어떻게 경영해야 좋을까?

위와 같은 질문을 해보는 것은 나를 확실하게 보여줄 대표적인 상징이나 슬로건을 찾아서 내 이름 앞에 붙이기 위해서다. 내가 누구라는 것을 알리는 것은 나도 좋고 남에게 기쁨을 주는 것이다. 미국의 컨설턴트 톰 피터스는 다음과 같은 슬로건을 자신의 이름 앞에 붙여보라고 권한 바 있다.

'변화의 챔피언'

'대박 제조기'

'성공 마법사'

'꿈 생산업자'

'미친 여장부'

기 통하는 경영

꿈과 스토리 소통을 경영의 목적으로 삼는 사람이 있다. 그는 드라마 〈겨울연가〉의 배경 장소로 유명한 강원도 춘천의 (주)남이섬의 대표이사 강우현이다. 강사장은 그림 동화 작가로 활동했던 미대 출신의 디자이너였다. 남이섬의 경영을 맡았을 때 대학교수 자리를 제안받은 상태였지만 그는 월급을 100원만 받는 대신 모든 경영권을 요구했다. 대신에 입장객수가 2배가 늘어나서 생기는 초과 수입을 모두 달라는 조건을 걸었다.

연매출 20억 원에 은행 빚이 60억 원이 되었던 남이섬이 어떻게 변신했는가? 2001년 27만 5천 명의 입장객이 2005년 167만 명으로 6배 이상 늘었고 매출도 100억 원으로 5배 커졌다. 숫자상으로 크게 성장한 비결은 무엇일까? 그것은 자연을 있는 그대로의 상태 공간으로 바꾼 것이다. 섬 곳곳에 솟아 있던 전봇대를 뽑고 매점의 바가지 요금을 없애고 놀이시설도 대폭 줄이는 대신에 갤러리나 도자기 공방 등 문화시설을 늘리고 각종 전시회와 공연 이벤트를 열었다. 놀이터라고 하면 술을 마시고 흥청대는 곳으로만 알고 있던 사람들에게 자연을 즐기고 다양한 재미를 제공한 것이다.

남이섬에 가면 타조나 토끼들이 자유롭게 돌아다니는 것을 볼 수 있고 안데르센 홀, 유니세프 홀, 레종 갤러리, 노래 박물관 등 다양한 문화전시관을 즐길 수 있다. 무엇이 남이섬을 문화와 자연이 살아 있는 곳이 되게 했는가? 강우현 사장은 이런 말을 했다.

"나는 성공에 연연하지 않습니다. 돈보다 중요한 것은 꿈이고 꿈보다 중요한 것은 세속적 성공에서 벗어나는 것입니다. 남이섬은 이제 나라입니다. 3월 1일에 독립했고 4월 2일에 개국했습니다. 나미나라에는 여권도 발급하고 화폐도 있고 우표도 있고 문자도 있고 전화카드도 있습니다. 이제 나미나라는 전 세계인을 위한 세계적인 관광지로 우뚝 설 것입니다."

웅진그룹의 윤석금 회장은 자신의 경영방식을 기 살리기로 소개한 바 있다. 그는 스스로 행복 전도사가 되어 직원들의 기를 살려주는 데 앞장서고 있다. 그래서 계열사 사장들에게 실적을 묻기보다 직원들에게 기를 불어넣기 위해 무슨 행사를 열었느냐고 묻는다. 그는 현장을 방문해서 풀죽은 사원들을 보면 함께 목욕탕에 간다고 한다. 물론 목욕탕에서 회사 이야기는 일절 하지 않는다. 목욕을 마친 다음 근처의 맛있는 국밥집에 가서 즐거운 이야기를 하고 회사로 들여보낸다. 오후에 그 직원들을 보면 얼굴색이 완전히 바뀌어 있다고 한다.

기를 죽이는 경영은 어떤 것일까? 그것은 바로 두려움이 지배하는 경영이다. 인텔사의 반도체사업부문의 상임이사인 데이비드 마싱은 심장마비로 응급실 신세를 졌다. 병원에서 지내는 동안 그는 자신의 목적을 변경했다. 스트레스를 충분히 이겨

낼 수 있었다고 믿었던 자신을 반성하고 나서 내린 결론이었다. 그는 사람들이 자기 생각보다 잠재력이 많다는 것을 깨닫게 하고 도와주는 일을 하기로 한 것이다.

데이비드 마싱은 2주에 한 번씩 열리는 직원회의에서 반성과 묵상 훈련을 했다. 처음에는 그런 훈련을 장난으로 여기고 언제까지 할지 모르겠다고 여겼던 직원들은 마침내 그 훈련을 통해 일의 속도를 늦추는 대신 주변환경을 이해하는 개방력을 길렀다. 마싱은 이에 힘입어 몇 년 걸릴 조립공장을 5개월이라는 짧은 기간에 완료해 수십 억의 이익을 냈다. 전체를 이해하는 마음이 시스템 마인드를 길러주고 그 결과 오히려 시간을 절약할 수 있었다.

두려움에 의한 경영과 기 통하는 경영의 차이는 무엇일까? 그것은 샘솟는 물과 행주를 짜는 물의 차이와 같다. 행주를 짜듯이 지원의 능력을 쓰면 곧 고갈된다. 그러나 직원들의 마음속에 있는 샘을 인정하고 격려하면 끊임없이 새로운 물이 나온다.

나는 기 통하는 경영의 주인공으로 서두칠 사장을 자주 소개한다. 그는 만성적자였던 한국전기초자라는 회사를 세계 기업으로 키운 바 있는데 그 비결은 직원들에게 마음을 열고 솔선수범한 것이다. 서두칠 사장이 경영을 맡은 한국전기초자(주)는 1997년 퇴출 0순위라고 할 만큼 빚도 1200억 원이나 있었다. 유리제조업체 최초로 77일간의 장기파업을 했던 회사를 새벽에 둘러본 서 사장은 자신이 할일이 많다는 것을 다행으로 여겼다고 한다.

서두칠 사장은 직원 마음의 구조조정을 단행했는데 그 첫 일은 공장을 깨끗이 청소하는 것이었다고 한다. 그러면서 끊임없는 대화를 나누어 마음의 안정감을 심어 주었고 따뜻한 정을 나누는 조직으로 만들었고 기와 신명이 넘치는 회사로 바꾸었다. 그러면서 단 한 명의 직원도 쫓아내지 않았다. 그러면서 그는 온도가 높은 노에서 1시간 일하고 30분 쉬는 관행을 2시간 일하고 10분 쉬는 것으로 바꾸면서 생산성을 높여 퇴출 대상의 기업을 3년 만에 동종업계 세계 최고로 만들어 놓았다. 그렇지만 그는 회사가 팔리면서 떠나야 했다. 그때 당시 얼마나 서운했느냐고 묻자 서 사장은 이렇게 말했다.

"저는 서부영화를 좋아합니다. 서부영화의 주인공이 질서를 잡고 마을을 떠날 때 금보따리 은보따리 싸들고 떠납니까? 처음 왔을 때처럼 빈 몸으로 떠납니다. 그것이 얼마나 멋있습니까!"

서두칠 사장은 자신의 성공을 한국인의 독특한 심성을 살린 정분 경영이라고 하면서 이런 소개를 한 적이 있다.

"제가 지향해 온 열린 경영이란 경영 정보의 공개가 아니라 노와 사 또는 경영책임자와 사원들 간의 '정분情分의 교류'입니다. 이 따뜻한 마음의 교류가 없었다면 사원들의 의지를 한 방향으로 결집해내기도 어려웠을 것이며 혁신과정을 헤쳐 나갈 힘도 발휘하기 어려웠을 것입니다. 노와 사, 경영책임자와

말단사원, 각 부서의 책임자와 부서원 사이를 따뜻한 정으로 이어주고 그런 관계를 바탕으로 새로운 목표에 신명나게 도전해가는 것! 이것은 서양학자들의 경영 혁신 이론으로는 적용이 곤란한 우리 한국전기초자만의 독창적인 문화라고 자부합니다.”

연장전은 보너스

중년의 팀플레이

기 통하게 산다는 것은 무엇일까? 그것은 내 몸과 마음이 우주 법칙 안에 있다는 것을 깨닫고 사는 것이다. 다른 말로 하면 내 머릿속의 지도를 우주의 변화법칙에 연결시키는 것이다. 기 통하게 사는 것을 누구에게 배울 수 있을까? 대부분의 초식동물들은 일 년 중에 풀이 가장 무성할 무렵에 새끼를 낳는다. 종족을 보존시키기기 위해 본능적으로 타이밍을 아는 것이다. 그렇듯이 사람도 때를 맞추거나 준비하면서 살아야 한다.

　사람은 누구나 자기도 모르는 환경으로부터 정보를 얻는다. 그것이 바로 기를 받는 것이다. 젖먹이 아이도 본능적으로 환경과 교감한다. 예를 들어 젖먹이 아이를 재우고 부부가 싸운다고 가정해보자. 그 아이는 충분한 잠을 자지 못할 뿐만 아니라 자라서 대인공포증을 갖게 된다.

37세 때까지 남 앞에서 말 한마디 제대로 하지 못하는 사람이 있었다. 그 원인을 모르고 마음 고생을 하던 그는 신학을 공부하러 미국에 갔으나 그곳에서도 대인 공포증 때문에 퇴교의 운명에 놓인다. 그때 기적처럼 심리치유자를 만난다. 그의 대인 공포증은 아주 어린 시절 부모의 불화에서 온 것이었다.

사람들은 노력하면 성공한다는 말을 너무 쉽게 한다. 중요한 것은 노력이 아니라 자기 발견이다. 마음속에 온전한 전체가 일그러져 있으면 노력을 해도 별 성과가 없다. 그래서 마음의 상처를 치유하는 것이 중요하다. 마음의 상처를 치유하여 원만한 관계가 형성되어야 노력이 가능하고 그 성과가 나온다. 이런 경험을 자신의 사례로 알게 된 그 사람은 한국으로 돌아와 치유상담원을 열었다. 크리스천 치유상담원장 정태기 목사가 그 주인공이다.

정태기 원장은 부부의 관계회복 프로그램으로 유명하다. 서로 친밀성을 갖게 한 다음 '여보! 미안해!'라는 과정을 갖는데 이때 남편이 아내에게 자기 고백을 한다. 프로그램에 참여하는 대부분의 남편들은 아내를 부둥켜안고 눈물로 미안함을 고백한다고 한다. 그런데 35년 결혼생활에서 31년을 바람을 피운 한 남편은 아무 소리가 없었다고 한다. 뒷모습만 보다 보니 알 수 없었던 그는 자리를 옮겨 앞으로 가서 그 남자를 보니 피눈물을 흘리며 이렇게 중얼거리고 있었다고 한다. "나는 미안하다는 말로는 안돼!"

다른 사람과 진정한 관계를 회복하지 못하는 사람 중에는 자신도 모르는 마음의 상처 때문에 그런 경우가 많다. 그래서 사람이 성공하려면 가장 먼저 자기와의 관계를 회복해야 한다. 모든 변신은 나로부터 시작한다. 그럴 때 내가 가장 사랑하는 사람이 변한다. 그 다음 나의 가족이 변하고 더 나아가 세상이 변한다. 이것이 바로 네 박자 변신이다. 대화도 네 박자 리듬을 밟을 필요가 있다. 요즘 어느 가정을 보더라도 대화를 할 때 네 박자의 리듬을 밟지 않는다. 게다가 남자들이 바쁘다 보니 아내가 일방적으로 많은 결정을 하기도 한다.

내가 성공과 행복을 위한 변신에 대해 강의를 한다니 간곡하게 이런 부탁을 하는 사람이 있었다.

"아무리 사소한 결정이라도 아버지의 의견을 한 번이라도 듣게 하는 엄마들이 많이 생기게 해주십시오."

자녀와 대화를 나눌 때 엄마는 '내 생각은 이런데 아빠 의견이 어떠하신지 한 번 들어보자꾸나' 라는 여유가 필요하다. 아버지는 '나는 이렇게 생각하는데 선생님 생각도 들어보면 좋겠구나!' 라는 여백이 필요하고 선생님은 '내 생각은 이런데 하나님의 뜻이 무엇인지 함께 기도해보자' 는 겸손이 필요하다.

바쁜 세상에 뭐 여기저기 많은 대화를 합니까? 이렇게 반박하는 사람도 있다. 나 역시 그런 식으로 살았었지만 대화를 위해 들이는 시간은 하나도 아깝지 않다. 아무리 빨리 빨리가 중요하더라도 이마를 맞대고 대화하는 아름다움보다 못하다.

요즘 40대 주부를 만나 보면 시어머님 때문에 죽겠다는 사람이 꽤 되고 50대 주부를 만나 보면 친정어머님 때문에 죽겠다는 사람이 많다. 아직도 우리는 일방통행식의 대화를 하기 때문이다. 부모 자식 간에도 '요즘 어떻느냐?'고 물은 다음 '내가 이렇다'고 해도 될 말을 '내가 지금 이런데 너는 도대체 왜 나를 외면하느냐?'고 윽박지르는 집이 한둘이 아니다. 행동은 빨리 빨리 하더라도 대화는 좀 느리게 할 필요가 있다.

나를 돌이켜 본다는 것은 나를 중심으로 판단하는 것이 아니라 우주법칙 또는 하나님의 시각으로 나를 본다는 것이다. 세상에 어떻게 그런 시각으로 나를 볼 수 있습니까? 이런 질문을 하면서 미리 겁을 먹는 사람도 있지만 그 방법은 지극히 간단하다. 우리는 축구경기장에서 골인이 이루어지는 경우가 간단한 패스 하나로 이루어지는 것을 자주 본다. 그리고 그런 패스가 가능하기 위해 미드필드를 장악하는 팀플레이가 필요하다는 것도 안다. 그런 관점으로 나를 보면 내가 나의 전후좌우의 힘들과 얼마나 조화를 이루느냐에 따라 우리 모두가 누리는 기쁨의 크기가 달라진다는 것을 알 수 있다.

나를 돌이켜보는 것은 내가 운동장에서 뛰고 있는 것을 누군가 관중석에서 보고 있다는 것을 느끼는 것이다. 패스를 할 타이밍을 놓치고 무리하게 혼자서 공을 모는 나라면 보는 사람이

참 답답하다. 다른 사람이 전진하는데 내가 따라가면서 패스를 받을 준비를 하지 않으면 전체를 외면한 사람이다. 그렇듯이 전체를 보면서 내가 얼마나 진실하게 호흡을 맞추었는지를 느끼는 것 나를 돌이켜 보는 것이다. 다시 한 번 강조하건데 돌이켜 보는 것은 느끼는 것이다.

나부터 시작한다

자기 통합은 자기 브랜드를 만들고 자기 브랜드는 자기 통합을 이끈다. 브랜드는 고객에게 전달하는 차이에 대한 약속이고 고객과 함께 동반하는 꿈의 상징이다. 그렇듯이 자기 통합은 나만의 차이를 남에게 전달하여 기쁨을 공유하는 브랜드가 되어야 한다. 내가 실력과 인격을 통합하여 그 힘을 남을 위해 쓰면 기쁨을 배로 만들 수 있기 때문이다.

이제 한국인은 브랜드의 위대함을 아는 세계 최고의 나라가 되었다. 2002년 월드컵을 치르면서 비싼 돈을 들이더라도 더 큰 효과를 낼 수 있다는 것을 히딩크를 통해 배웠기 때문이다. 그 결과 박지성, 이영표, 설기현 등 세계적인 브랜드를 탄생시켰다. 이제 우리는 시골 구석구석까지 브랜드 마인드를 적용하는 나라가 되어야 한다.

일본의 미아자키 현에 낭고손이란 산골 마을이 있다. 그런데 그 산골 마을이 수많은 한국인들을 끌어들이는 관광단지가 되었다. 낭고손은 마을 이름을 백제마을이라고 정했고 그곳 학생들에게 한국어를 가르쳤고 상점의 간판도 한국 이름을 쓰고 있다. 낭고손에 가면 한국 관광객들에게 '안녕하세요'라고 인사하는 사람들과 한글로 쓴 김치 공장도 볼 수 있고 김종필 전 총리의 붓글씨와 한일 친선의 종도 볼 수 있다.

낭고손이 백제마을을 본격적으로 개발하기 전까지는 아무도 알아주지 않는 이름 없는 산골 마을이었다. 어떻게 우리 마을을 활력 있는 곳으로 만들 것인가? 이런 고민 끝에 오랫동안 마을에서 유지되어온 축제를 떠올리게 되었다. 그 축제는 시하스 마쓰리라는 것인데 그 배경에는 백제가 망한 뒤 일본에 와서 세력 다툼 끝에 피신한 정가왕의 전설이 있었다. 정가왕은 아들인 복지왕과 90km 떨어진 곳에 살았는데 일 년에 한 번 부자가 만나는 축제가 시하스 마쓰리인 것이다.

낭고손 사람들은 90km 떨어진 다른 마을에서 온 사람들과 헤어질 때 '오! 사라봐'라고 냄비나 그릇을 두들기며 외치는 작별인사를 한다. 시하스 마쓰리 축제의 마지막을 그렇게 장식하는 것이었다. 그것은 아버지와 아들이 난리를 피해 떨어져 살지만 어려움 속에서도 잘 살기를 바라는 마음의 표현이라고 할 수 있다. 낭고손 마을에는 미카도 신사에서 보관한 구리 거울이 쇼소원에 있는 구리 거울과 똑같은 틀에서 만들어진 것이 밝혀지면서 쇼소원과 같은 건물에 보관해야 한다는 의견이 나왔다.

쇼소원은 일본 45대 왕인 쇼무왕이 쓰던 물건을 비롯해 많은 보물이 있는 건물이다. 우리 말로는 정창원이라고 한다. 그래서 낭고손은 동쪽에 있는 쇼소원과 다른 서쪽의 쇼소원을 1997년 5월에 준공하게 되었다. 그 이후 매년 10만 명이 넘는 관광객이 몰려들었다. 그곳 사람들은 대전 엑스포에 참가하여 정가왕의 고향인 부여를 방문해 제사를 지내기도 했다. 인구가 3000명도 되지 않는 산골마을 사람들이 잊혀질 뻔한 전설을 부활시켜 브랜드가 살아 숨쉬는 관광명소로 만든 것이다.

낭고손 마을은 사라질 뻔한 전설을 살아 숨쉬는 축제의 행사로 부활시키면서 브랜드로 거듭났다. 중년의 브랜드도 그런 원리와 같다. 사라질 뻔한 추억의 꿈을 부활시켜 영원한 미래로 통하는 에너지로 창조해야 하기 때문이다. 사람은 브랜드로 거듭날 때 이름을 얻고 성공한다.

미야자키는 큐슈 동남쪽에 있고 우리나라 경상남도의 크기이다. 그곳에는 자신의 이름이 곧 택시의 이름이 될만큼 유명한 자기 브랜드의 주인공이 있다. 그가 바로 일본 최고의 택시기사라는 칭호를 얻은 카바키노다. 그는 손님이 오면 깨끗한 슬리퍼를 주고 여름에는 차가운 물수건을, 겨울에는 따뜻한 물수건을 제공한다. 편안하게 택시를 타게 하는 배려로.

그는 미야자키를 광고하기 위해 자비로 1500만 원을 들여 팸플릿을 만들었는데 그 열성에 감복하여 현에서 관광명소 사진을 무료로 제공하기도 했다. 그는 4500명의 고정 고객을 갖고 있는데 신혼여행 때 그에게 택시를 탄 사람이 28년 뒤에 다시 그를 찾기도 했다. 그의 서비스를 받은 사람은 반드시 다른 사람에게 그를 소개하기 때문에 그는 언제나 바쁘다. 그런 가운데 하루에 100장씩 연하장을 쓸 만큼 고객 관리에 정성을 기울인다.

카바키노는 어느덧 관광 명물이 되었다. 그런 그는 고객에게 '고맙습니다' 라는 말을 들으면 기본을 한 것이고 '또 찾겠습니다' 라는 말을 들으면 어느 정도 서비스를 한 것인데 '다른 손님까지 소개하겠다' 라는 말을 들으면 비로소 제대로 서비스를 한 것이라고 한다. 낭고손 마을을 방문한 적이 있는 나는 다시 일본을 찾을 때 카바키노를 만나 그의 서비스를 받고 싶다. 그를 생각하면 한 사람이 브랜드가 될 때 얼마나 많은 기쁨이 확산되는지 실감할 수 있다.

유명한 사람이 많아지면 어떻게 될까? 이런 질문을 했을 때 많은 사람들이 부정적인 연상을 한다. 유명한 사람이 많아지면 유명세가 떨어지고 신비함이 줄어들 것이라고 보는 것이다. 그러나 그것은 잘못된 생각이다. 선진국일수록 유명한 사람들을 많이 만들어내고 그런 사람들을 통해 재미와 희망을 찾는다. 사실 한국 사람들은 남을 잘 인정하지 않아서 유명해야 할 사람도 묻혀버리는 경우가 많다.

미국은 1901년 명예의 전당이 생긴 이래 그 제도가 다양하게 확대되었는데 오늘날 유명인을 기리는 명예의 전당이 3000개가 넘는다. 야구선수, 로큰롤 가수, 회계사, 개 썰매 여행자, 구슬치기 챔피언, 원반 던지기 선수, 피클 업자, 경찰 공무원 등 명예의 전당에 소개되는 사람도 확대되었다. 뛰어난 볼링선수를 기리는 명예 전당만 해도 30개 이상이나 된다고 한다.

한 사람이 유명해지면 여러 사람들에게 힘과 용기를 줄 수도 있다. 워싱턴은 미국인에게 신화적인 이미지가 되었다. 지폐의 모델은 물론이고 그의 이름은 1개 주, 8개 강, 9개 단과대학과 대학교, 10개 호수, 7개 산, 33개 카운티 그리고 121개의 시와 읍의 이름으로 사용되고 있다. 그를 기념하는 공휴일이 있으며 나라의 수도 한 가운데에 세워진 유명한 워싱턴기념탑을 포함하여 그를 기리는 기념관도 많다.

유명한 사람이 많아지면 세상이 더 좋아진다. 그것을 경제용어로 말하면 낙숫물 경제학이라고 한다. 낙숫물 경제학은 '윗물이 맑으면 아랫물이 맑다'라는 말과 비슷하게 위가 잘되면 아래도 잘된다는 뜻으로 부유층이 잘살면 그 영향으로 중산층 생활이 개선되고 하류층 생활도 나아진다는 얘기다.

우리나라 축구가 세계 4강에 진입함으로써 일류 축구선수들이 해외로 비싼 값에 팔려 가면 국내리그 선수들도 좋은 대우를 받게 되고 초등학교 축구선수들도 희망을 갖게 된다. 그러니까 명성은 어느 한사람이 독점하는 것이 아니라 주변 사람들에게 낙숫물처럼 떨어지는 좋은 효과를 준다. 자본주의가 발달할수록 많은 사람들이 자기분야에서 명성을 추구하고 그렇게 쌓은 명성이 사회 전반에 확산되면 좋은 영향을 미친다.

날자! 중년이여

내가 브랜드가 된다는 것을 지나치게 상업적으로 해석할 필요는 없다. 내가 다른 사람들을 기쁘게 하는 꽃이 된다고 생각하고 그 방법을 찾아 노력하면 좋다. 성경의 주기도문에도 '이름을 거룩하게 하옵시며'라는 구절이 있다. 세상에 유일한 한 사람으로서 나의 이름은 나를 꽃피우는 브랜드가 되어야 한다. 나는 〈기 통하는 변화전도사〉라는 슬로건으로 산다.

유명한 브랜드가 되어 성공한 사람을 보면 남보다 많이 배웠거나 부자였던 사람은 드물다. 광동제약의 최수부 회장도 낮은 곳에서 유명한 브랜드가 되었다. 그는 초등학교 4학년까지밖에 학교를 다니지 않았다. 열두 살에 가장이 되어 시장판에서 여러 장사를 하면서 여덟 식구의 생계를 책임져야 했다. 그때 막막하거나 두려움보다 '내 운명이거니'라는 생각을 했다고 한다.

군대를 전역한 뒤 청년 최수부는 경옥고를 팔러 다녔다. 하루 한 끼도 먹기 힘든 어려운 시절에 약이 워낙 고가라서 잘 팔리지 않았으나 꼭 팔고야 말겠다는 의지를 실천했다. 그는 경옥고를 팔고 나면 자신의 임무가 끝이라고 여기지 않고 반드시 고객을 다시 방문하여 약을 잘 먹고 있는지 확인했다. 고객이 약을 먹지 않을 경우 '건강을 위해서 매일 드셔야 합니다'라는 말을 했고 실제로 직접 먹여드리기도 했다.

최수부 회장은 단순한 세일즈맨이 아니라 브랜드 전도사로서 인생을 개척했다. 영업사원은 상품을 팔기 전에 자신의 인격을 팔 수 있어야 하고 그러자면 어느 누구보다도 뚜렷한 희망과 자신감을 가져야 한다.

사람은 누구나 약자의 위치에 있을 때 꿈과 희망의 가치를 안다. 그러나 조금만 편하면 체면이니 어쩌니 하면서 퇴보의 길을 걷는다. 옛날 체신청은 빽없는 사람이 다니는 곳이었다. 고시를 패스해서 체신청에 발령을 받으면 그곳을 빠져나가려고 힘센 사람에게 줄을 서기도 했다. 그런 체신청에서 미래의 정보통신의 꿈을 꾸어 연구 개발에 박차를 가했기 때문에 오늘날 정보통신부가 탄생되었고 IT 코리아의 영광이 가능했다.

1970년대까지만 해도 석탄산업은 황금산업이었다. 그때 정부에서 석탄공사에 지방의 석유 유통사업을 권했는데 '에이! 우리가 어떻게 석유배달을 하느냐?'면서 거절했다. 미래는 변한다. 그때 만약 석탄공사가 석유 유통에 끼어들었다면 전국의 주유소를 선진화시켰을 뿐만 아니라 사양업종인 석탄사업의 인력도 업그레이드시켜 자원개발의 주인공으로 키울 수 있었을 것이다. 그렇듯이 내가 브랜드의 주인공이 되는 길은 미래의 변화를 내다보는 것이기도 하다.

미국 시카고 대학의 심리학자인 칙센트미하이는 『자기의 진화』라는 책에서 자기 브랜드의 의미를 이렇게 소개했다.

> 브랜드 구축은 각자의 독특한 잠재력을 파악하여 이를 관리하는 것이며 브랜드를 위해 목표와 희망, 느낌을 구축한 사람들은 더욱 충만한 인생과 더 나은 미래를 위해 헌신하고자 한다. 개인적인 행복과 인류의 진보를 위한 적극적인 헌신이 늘 함께 다닌다.

나를 브랜드로 만든다는 말을 한 번 더 되새겨 보자. 그것은 무엇이 가장 나다운 삶인지를 찾아서 그것을 중심으로 힘을 재배열한다는 것이다. 평소 자신의 인생이 꽃이 아니라고 여긴 사람이라도 비전을 꽃술처럼 세우고 꽃잎을 펼치듯이 열정을 조화시키면 성공할 수 있다. 그것이 바로 인생을 디자인하고 내가 브랜드로 거듭나는 것이다.

알아주는 사람이 적더라도 자기 브랜드를 갖고 사는 사람들을 나는 여럿 알고 있다. 산을 좋아하는 내 친구 홍성호는 〈자작나무〉라는 이름으로 산다. 백두대간을 다녀보면 자기 브랜드를 리본으로 매달아 놓은 것을 볼 때도 있다. 〈대구 산사자 부부〉라는 브랜드로 자신들을 알리는 윤대영, 백경숙 부부도 있고, 〈부부 뚜벅이〉란 브랜드로 자신을 알리는 강신구, 오은화 부부도 있다. 나는 그런 브랜드를 떠올릴 때마다 기분이 좋다.

최근에 나는 이메일 주소를 난주서비스로 변경했다. 새로운 브랜드로 거듭난 것이다. 난주! 그것은 나는 주의 종이다. 나는 주인공이다. 나는 주는 사람이라는 뜻을 담고 있다. 그리움과 외로움의 정점인 쉰다섯에 이르러 비로소 나는 난주라는 브랜드로 거듭났다. 그대 중년들이여! 새로운 브랜드로 거듭나시라! 중년의 브랜드가 가정과 나라를 빛나게 한다.

후반전에도 골은 터진다!

ⓒ 서정희 2008

초판 1쇄 발행일 2008년 2월 5일

지은이 서정희
펴낸이 이정원

책임편집 김인경

펴낸 곳 도서출판 들녘
등록일자 1987년 12월 12일
등록번호 10-156
주소 경기도 파주시 교하읍 문발리 파주출판단지 513-9
전화 마케팅 031-955-7374   편집 031-955-7381
팩시밀리 031-955-7393
홈페이지 www.ddd21.co.kr

ISBN 978-89-7527-599-9(03320)

값은 뒤표지에 있습니다.
잘못된 책은 구입하신 곳에서 바꿔드립니다.